第二次世界大战中的日军反坦克战【下册】

战史与战例

编著 / 王法

中国长安出版社

图书在版编目（CIP）数据

挡车之螳：第二次世界大战中的日军反坦克战. 下
册 / 王法编著. -- 北京：中国长安出版社，2015.7
ISBN 978-7-5107-0780-3

Ⅰ．①挡… Ⅱ．①王… Ⅲ．①第二次世界大战战役—
反坦克—史料—日本 Ⅳ．① E313.9② E195.2

中国版本图书馆 CIP 数据核字 (2015) 第174115号

挡车之螳：第二次世界大战中的日军反坦克战
下 册

编著 / 王 法

出版：中国长安出版社

社址：北京市东城区北池子大街14号（100006）

网址：http://www.ccapress.com

邮箱：capress@163.com

发行：中国长安出版社

电话：（010）85099947 85099948

印刷：重庆共创印务有限公司

开本：787mm×1092mm 16开

印张：13

字数：275千字

版本：2015年8月第1版 2015年8月第1次印刷

书号：ISBN 978-7-5107-0780-3

定价：59.80元

第二次世界大战中的日军反坦克战【下册】 # Contents 目录

前言

第二次世界大战中，作为轴心国阵营中实力最强的两个国家，德国与日本都以各自的坦克和反坦克作战能力而闻名。不同的是，德国是以其坦克和反坦克作战能力的强大而有口皆碑，日本则是以其坦克和反坦克作战能力的拙劣而恶名远扬。这从本质上体现了地缘政治中陆权国家与海权国家的区别，以及德国与日本综合国力、工业能力和科技水平的差异。同时，意识形态、民族性格、文化背景等主观因素也对日军反坦克技战术的发展产生了极为重要的影响。

较为遗憾的是，本书参考的文献和资料，大部分来源于日军敌对方，记述的内容更多是从同盟国的角度出发。因此，本书仅是一篇抛砖引玉之作，难免有疏漏之处，希望读者能够批评指正。若能引起更多对相关领域的研究与探索，吾心足矣。

在完成此书的过程中，作者得到了"龙式坦克"（张雄）的鼎力支持，在此表示由衷的感谢！

王 法

2015 年 5 月

日军反坦克战史
History of Japanese Anti-Tank Warfare

　　有什么样的武器，就有什么样的战术；有什么样的战术，就有什么样的战史。从整个第二次世界大战的角度来看，日军反坦克作战的表现与他们装备的反坦克武器一样拙劣。一直到战争末期的冲绳战役，日军才打出了较为成功的反坦克战。在这场旷日持久的血战中，日军反坦克炮兵以数量有限的一式47毫米反坦克炮、八八式75毫米高射炮和九〇式75毫米野战炮，在连美军都赞叹不已的隐蔽和伪装条件下，成功地击毁了不少美军坦克。

第二次世界大战前传

　　1916年，英军发明的坦克在索姆河战役中首次参战，很快就成为了重机枪的克星和打破堑壕战僵局的利器。1918年10月，日军进口了1辆Mk Ⅳ型坦克。第一次世界大战中，日军并没有遭遇过坦克，但仍然开始了反坦克作战的研究。

　　1923年1月，日军《步兵操典草案》中出现了这样的内容"对于冲进我军阵地内的坦克，有必要做好用炸药将其炸毁的准备"。1928年7月，由日本教育总监部发布的《反战车战斗法》中首次出现了"肉搏攻击"的词汇，也就是对敌军坦克进行"近距离攻击"或"近身攻击"的意思。1935年11月，由旧版的日军《步兵战斗》第1卷和第2卷改编的《步兵战斗(秘)》中，具体说明了"肉搏攻击班"的编制和战术。1937年5月，日军《步兵操典草案》中记述："敌军坦克冲入我军阵地内的情况下，关键是要做好准备，由肉搏攻击班以炸药将其炸毁。"

　　1931年9月18日，"九一八"事变爆发，中

■ 日军士兵正在操作十一年式37毫米平射步兵炮进行射击训练，20世纪20年代引进后，日本以这款武器开始了反坦克的探索。

■ 西班牙内战时期，帮助共和军打击弗朗哥叛军的英国志愿者组成的反坦克连，他们中间的便是一门苏制45毫米反坦克炮。

国东北军在沈阳的12辆法制"雷诺"FT-17轻型坦克未发一枪一弹就被日军步兵第2师团缴获，并留归日军自己使用。截至此时，日军还从未直面过敌军坦克的压力。然而，此时的日军已经制订了一系列以"肉弹"进攻敌军坦克的条例。与其说后来日军使用"肉弹"反坦克是出于武器落后的无奈，不如说他们一直以来就有这种"精神无敌"的传统。中国战场上的日军缺乏反坦克作战的实践，但亚欧大陆遥远的另一端所爆发的战争却对日军反坦克战术产生了影响，这就是西班牙内战。

1936年7月18日，西班牙内战爆发，德军和意军为西班牙弗朗哥叛军装备了一号轻型坦克、二号轻型坦克和37毫米反坦克炮，苏军则为西班牙共和军装备了T-26轻型坦克、БТ-5快速坦克和45毫米反坦克炮。在弗朗哥叛军的节节进逼下，共和军不得不对敌军的坦克进行近距离攻击，使用的武器就是燃烧瓶和炸药包。不久之后，弗朗哥叛军也开始使用燃烧瓶和手榴弹对付共和军的坦克。

1937年2月，在详细地考察了西班牙内战的反坦克之战，日军派驻西班牙军事观察员、炮兵军官西浦进大尉回到了日本，向参谋本部提交了相关报告。日军参谋本部将这份报告命名为《西班牙内战的真相》，并在日军内广泛地分发。西浦进大尉也频频对近距离反坦克战发表讲话。

尽管如此，日军参谋本部的坦克技术人员却并未对燃烧瓶等武器做出什么评价。当时日军装备的坦克使用的是柴油发动机，而西班牙内战中的坦克多是汽油发动机，易被燃烧瓶点燃。日军用自己装备的坦克进行了试验，结果显示燃烧瓶对其无效。只不过这种思维甚是奇怪——日军装备燃烧瓶，显然是用来打击敌军坦克而不是用来打击己方坦克的。燃烧瓶对己方的柴油发动机型坦克无效，不等于对敌方的汽油发动机型坦克也无效。

直到两年之后，日军才会真正感受到燃烧瓶这种简易反坦克武器的价值所在。

中国

1937年，"七七"事变爆发时，中国国民党军已经装备有英制卡登·洛伊德（Carden Loyd）超轻型坦克、维克斯6吨轻型坦克、维克斯3.5吨水陆两栖轻型坦克，德制1号轻型坦克，Sdkfz 221/222/223型轮式装甲车、意制菲亚特（Fiat）3000式轻型坦克、CV-33超轻型坦克，法制AMR33/35轻型坦克，以及各种自行改装的6轮和10轮装甲车等。其中装备坦克炮的型号足以有效打击日军坦克，但中国国民党军的坦克大部分型号又小又轻，装甲贫弱，抵御不了日军九四式37毫米反坦克炮和各型野战炮。

1937年8月13日，上海"八一三"抗战的枪声打响。8月18日，在杜聿明少将的率领下，日夜兼程北上赶往石家庄的中国国民党军陆军装甲兵团折返南京对日作战。中国国民党军陆军装甲兵团最初投入淞沪会战的部队包括：战车营第1连，代号"虎"连，装备16辆维克斯6吨轻型坦克；战车营第2连，代号"龙"连，装备16辆维克斯3.5吨水陆两栖轻型坦克；战车营第4连，为补给连；战防炮教导队第1教导营，装备Pak 35/36型37毫米反坦克炮。上海城区多巷战，坦克能发挥的作用有限，因此配属给步兵和炮兵。其中包括中国国民党军精锐的"德械师"，第36步兵师，第87步兵师、第88步兵师和第10炮兵团等。

淞沪会战中，日军先后投入兵力30万人，包括9个师团和2个旅团等部队。然而，中国装甲兵最初遭遇的日军兵力还非常有限。1937年8月13日-8月19日，日军在上海的地面部队，只有日本海军少将大川内传七指挥下的日本上海特别海军陆战队，下辖日本海军陆战队第1大队、第2大队、第3大队、第4大队、第5大队和第6大队。其中，第4大队为炮兵大队，装备4门150毫米榴弹炮、4门120毫米榴弹炮，12门山炮、4门步兵炮、

■ 中国国民党军陆军装甲兵团装备的英国维克斯3.5吨水陆两栖轻型坦克，该型坦克只装备机枪，隶属于战车营第2连，其代号"龙"字清晰可见。

■ 1937年"八一三"事变中，位于驻沪日本海军特别陆战队本部屋顶上的四一式75毫米山炮阵地。

4门反坦克炮、4门高射炮和8门150毫米迫击炮、4辆坦克、6辆装甲车和9辆安装有机枪的汽车。战争爆发时，第4大队解散，火炮分配到其他的几个步兵大队中。然而，有限的地面部队后方却有一支强大的舰队作为后盾，包括"出云"号装甲巡洋舰、"鬼怒"号轻巡洋舰、"名取"号轻巡洋舰、"由良"号轻巡洋舰，多艘驱逐舰和炮舰等。淞沪会战初期，这些数量有限的日军凭借坚固防御工事负隅顽抗，国民党军久攻不下。

淞沪会战刚刚打响时，日本海军陆战队有九四式超轻型坦克出现，因此国民党军前线指挥官要求己方坦克参战。中国陆军装甲兵团战车营第1连和第2连由南京用火车运往上海，在昆山下车，下车后再行军30多公里到达南翔。

1937年8月19日，中国装甲部队投入作战。最初，战车营第1连连长郭恒健提出，坦克进攻之前需要准备时间，但是随即遭到第87步兵师师长王敬久的斥责，称其怕死，并禁止其再陈述理由。不得已，在未对前线地形进行侦察和未对坦克进行检修的情况下，郭恒健连长硬着头皮向日军阵地发起进攻。

坦克刚抵达前沿阵地，步兵就催促其单独进发。坦克兵要求步兵与之协同，步兵口头答应，但实际上却没有执行。即便是"德械师"的官兵也非常缺乏机械化战争的概念，认为坦克是无坚不摧的利器，完全可以单独打垮日军。战斗刚开始时，6辆坦克沿着四川北路轻松突入上海杨树浦一带的日军阵地，沿途连续摧毁很多日军设置在建筑物上的机枪火力点，一直打到了汇山码头的日军司令部附近。坦克在那里等待后方的步兵长达2个小时，但是却没有一个人影！无奈之下，只能派1辆坦克回去找步兵，但是步兵却又不允许这辆坦克通过前沿阵地。结果，等了五六个小时，步兵仍然不见踪影。此时，在前方固守的坦克需要补给，但是步兵仍然阻止其开过前沿阵地。郭恒健连长只好下车徒步返回，找步兵指挥官接洽，结果在途中被日军子弹打死。战车营第2连连长郑绍炎在汇山码头指挥坦克坚持战斗。由于

■ 上图是上海汇山码头，一辆毁于日军炮火的中国维克斯6吨轻型坦克。

■ 下图是淞沪会战中，独自冲向日军阵地的中国维克斯6吨轻型坦克。看起来更像是战斗结束后日军的"摆拍"。

没有步兵跟进，得到了喘息的日军集中反坦克炮和野战炮向突入的中国军队坦克射击，日军军舰也以舰炮进行轰击。郑邵炎连长座车被日军舰炮击中，其人阵亡。1辆维克斯6吨轻型坦克随第88步兵师一度突入上海日本高等女子学校的日军阵地，因机械故障无法前进，只能原地用火炮和机

■ 上图是孤军深入日军防线的中国维克斯6吨轻型坦克被日军缴获，其炮塔上的弹孔清晰可见。

枪掩护步兵冲锋,后被日军重炮命中,炮塔被炸飞,坦克乘员全体阵亡。

8月21日,战车营第1连修好了5辆维克斯6吨轻型坦克,伴随第36步兵师第108步兵旅沿着兆丰路和公平路再次向日军发起进攻。作为步兵先导的坦克连续突破日军数道防线,汇山码头已经近在咫尺,但是由于步兵被日军火力压制,因此坦克突击再次功败垂成。

是役,中国国民党军陆军装甲兵团以阵亡2名连长,士兵损失五分之二,5辆坦克被击毁,8辆坦克被击伤为代价,击毁日军坦克装甲车辆17辆,缴获日军上海征兵办事处军旗。中国国民党军对此战总结为:坦克表现优异,到达了进攻的制定地点,但是对整个战局来说却毫无效果可言;使用坦克攻击敌军坦克的效果不经济,不如使用反坦克炮;高级指挥官不知道该如何指挥坦克,不给准备时间,使用错误;步兵不了解坦克的性能,不与坦克进行协同作战,即使坦克取得战果,也无法守住战果;坦克在一地区内停留过久,必

遭敌军打击而损失。

日军与中国国民党军坦克的首次交锋落下帷幕,日军反坦克战取得了胜利。但是与其说是日军打得成功,还不如说是国民党军队打得太烂——尽管装甲兵英勇作战,但由于缺乏步兵的配合而屡屡失败。这也说明,中国军队的落后是整体的落后、思想的落后、体系性的落后,远不是装备几种先进武器就能解决的。日军虽然战胜了坦克,但是也暴露出反坦克能力不足的弱点,致使几辆孤军深入的坦克就差点端了日军的老窝,如果有步兵跟进,那最终结果可能还真不好说。这种"与臭棋篓子下棋,越下越臭"而得来的胜利,也使日军对反坦克战越来越轻视,从而导致了后来日军与欧美列强的装甲部队遭遇之后的一系列悲剧。战斗中,日军曾调集军舰的舰炮和各种火炮轰击突入的坦克。7年后的塞班岛战役将重演这一幕,只不过换成了日军坦克冲向美军的滩头阵地,而美军军舰的舰炮和各种反坦克武器将为汇山码头的中国坦克残骸报这一箭之仇。

■ 在上海日本高等女子学校顽强抵抗的中国维克斯6吨轻型坦克,炮塔被日军重炮炸飞,乘员全体阵亡。

■ 上图是日本海军特别陆战队的军官查看被击毁的中国维克斯6吨轻型坦克。值得一提的是，其背景是一架编号为 No.2503 的"霍克 III"型战斗机残骸，这架又名为"宁波专号"的战斗机是中国空军在淞沪会战中不幸被击落的一架战机。

■ 下图是日军正在用八九式中型坦克拖走缴获的中国维克斯6吨轻型坦克。

■ 上图是日军缴获的中国维克斯6吨轻型坦克，坦克上的人是日本战地记者浜野嘉夫，坦克上的纸张上写着"战利品"。

■ 左图是日军将缴获的中国维克斯6吨轻型坦克运回东京展出。

1937年11月12日，上海沦陷，日军兵锋直指当时的中国首都南京。中国陆军装甲兵团战车营第3连奉命保卫南京。战车营第3连装备17辆德制一号轻型坦克，实际参战14辆。一号轻型坦克只装备2挺7.92毫米机枪，装甲最厚处也只有13毫米，但其优良的质量仍给日军留下了深刻的印象。此时，中国军队已经转入防御状态。日军缺乏布设反坦克阵地打击中国坦克的机会，而中国坦克则可以择机伏击反坦克能力低下的日军。

1937年12月8日，日军主力由淳化镇向南京进攻。中国战车营第3连第1排的4辆一号轻型坦克设伏于道路左侧，等待日军的先头警戒部队过后突然杀出，日军两列行军纵队乱作一团。日本《朝日新闻》采访团的汽车当即被击毁，3名记者负伤，著名战地记者浜野嘉夫当场死亡。中国国民党军的文献称，这4辆一号轻型坦克击毙敌军四五百人。而日军如何将其击毁，则众说纷纭。

国民党军的文献称，日军动用飞机对1号轻型坦克进行轰炸，2辆坦克被击毁。还有1辆产生了机械故障，坦克乘员正在修理时，被汉奸引导而来的日军刺杀。另一说，日军使用十一年式平射步兵炮射击坦克，但无法击穿其装甲。随后，日军坦克赶来。只装备机枪的1号轻型坦克抵挡不住，油料耗尽被俘。其中一辆被击毁的一号坦克上有两名坦克兵幸存，而路过的日军却并未检查这辆坦克中是否还有人存活，结果被这两人伏击，以机枪扫倒日军几十人。遭到伏击的日军没有火炮，所携带的步枪、机枪和掷弹筒又无法伤及坦克内部乘员。战至当天黄昏，日军也对坦克束手无策。这两名坦克兵趁着夜色悄悄撤退，结果一名坦克兵被日军迫击炮炸死，1名成功撤回报告情况。1939年12月昆仑关大捷时，国民党军缴获的日军手册《皇风万里》中就记载过这次战斗。

1937年12月13日，200多名日军从南京光华门突入城内东南角，中国战车营第3连的一号轻型坦克歼灭其大部。12月15日，战车营第3连撤到下关，在渡江时与第36步兵师发生争执，导致运输坦克的船只或漂走或沉没，坦克全部损失。

在对抗德制1号轻型坦克的战斗中，日军步兵充分暴露出了反坦克作战能力极低的弱点。九四式37毫米反坦克炮对德制一号轻型坦克的射击试验更深深地震撼了日军。在400米的距离上，着弹角为60°至65°，日军的37毫米穿甲弹被弹飞了。在300米的距离上，如果穿甲弹不是以垂直角度命中，那么一样会被弹飞。即使是在300米的距离上射击1号轻型坦克的后部，也只有在命中炮塔后部一块大约宽30厘米的部位才能击穿，如果命中其他部位，炮弹仍然会弹飞。日军坦克的7.7毫米车载机枪在50—200米的距离上对一号坦克进行扫射，结果只能打掉装甲上的涂料。

■ 上图是日军运回东京展览的中国一号轻型坦克，为了不影响"德日同盟"的关系，日军将其注明为"苏联一号轻型坦克"。

■ 下图是日军九四式37毫米反坦克炮对中国德制一号轻型坦克进行的射击试验，除了一小块部位的装甲以外，打到其他部位都是跳弹。

■ 上图是南京会战中，日军士兵与击毁的中国德制一号坦克合影。

■ 上图是南京会战中，损毁于下关码头的中国德制一号坦克。

■ 左图是南京之战后，日军小队长村谷准尉与被缴获的中国德制一号坦克的合影。

■ 下图是被日军在南京缴获的中国德制一号坦克，从表面上看，它们几乎完好无损。

■ 上图是1937年在南京下关，日军士兵在缴获的中国一号轻型坦克上欢呼。

■ 下图是日军官兵与缴获的中国德制一号轻型坦克合影。

1937年9月，中国国民政府与苏联达成军事协议。为了避免遭到德日法西斯的夹攻，苏联将向中国提供援助，从而牵制对苏联远东地区蠢蠢欲动的日军。

1938年3月－6月，第一批苏联装备运到中国，其中包括83辆Т-26（1933年型）轻型坦克、4辆БТ-5型快速坦克、以及БА-3型装甲车、БА-6型装甲车、БА-10型装甲车、БА-20型装甲车、45毫米反坦克炮等。中国国民政府决定将陆军装甲兵团扩编为第200机械化师。中国国民党军认为，苏制坦克的装甲防护能力并不比德制坦克更强，但火炮威力更大，只是车载机枪经常容易出故障。

1938年5月，兰封战役打响，日军首次遭遇国民党军装备的苏制坦克。这场战役中，中国装甲部队的多次行动几乎成了淞沪会战的翻版。

第200机械化师第1150团的10辆维克斯6吨轻型坦克和意大利CV-33超轻型坦克支援第88步兵师第262步兵旅向占领圈头村的1000多名日军发起进攻。在1个小时的战斗中，这10辆坦克就推进了5公里，国民党军文献称其击毙日军四五百人。然而，占领圈头村的坦克部队原地等待了4个小时，步兵也没有跟进，导致坦克部队不得不进行撤回补充给养。致使日军2000多名士兵重新占领了圈头村，并且加强了炮兵。

第2天，第1150团的5辆坦克再次向圈头村发起进攻，步兵再次未能跟进，坦克也被日军击毁4辆。5月20日，第1150团其余坦克配合国民党军第46步兵师第1步兵团和第106步兵师第636步兵团向东西祥符营村发起进攻。进攻发起后1个小时就占领了东西祥符营村附近的五六个村庄，击毙日军三四百人，中国军队也有四五百人死伤。但是，当坦克后撤进行补给时，国民党军的步兵却以"保护战车后退"为名也跟着撤退了。很快，

■ 正式装备国民党军第200机械化师的苏制Т-26轻型坦克，这些坦克成为抗战早期继德制坦克后国民党军的装甲主力。

在兰封战役中被日军缴获的 Т-26 轻型坦克，隶属于国民党军第 200 机械化师第 1149 团第 5 坦克连 1 排。

撤退变成了溃退，日军以猛烈的火力进行追击，当晚反而包围了国民党军。本来非常顺利的进攻最后竟然莫名其妙地变成了溃败！

5月21日，跟随步兵出击的第1150团的坦克被早已有所准备的日军击毁3辆。5月23日，第1150团剩余坦克经由陈留口撤退时，守卫陈留口的国民党军一个步兵营居然将这些坦克当成了日军坦克，结果全营溃退，实在让人哭笑不得。

是役，第1150团损失3辆维克斯6吨轻型坦克和4辆CV-33超轻型坦克。

兰封战役中，日军土肥原贤二的步兵第14师团所部6000多人被国民党军12个步兵师的十几万人围攻一个星期，居然还打不下来。国民党军调集第200机械化师第1149团第5坦克连第1排的4辆T-26轻型坦克前往支援。在步兵的配合下，这4辆坦克接连攻取包括大王庄在内的7个村庄，击溃日军1个步兵联队，并且缴获了大量辎重。在黄庄和来庄，这4辆T-26轻型坦克误入日军

阵地，被九四式37毫米反坦克炮击毁3辆，击伤1辆。被击伤的那辆T-26轻型坦克最后被日军所缴获。

■ 上图是日军缴获的中国意制CV-33坦克，在东京进行展览。为了维护轴心国集团的关系，日军在展示牌上称这种坦克为法国制造。

■ 下图是兰封会战后，日军士兵在检查中国军队放弃的CV-33坦克残骸。

■ 1938年张鼓峰事件中的苏军坦克，可以看到这些坦克进行了严密的战场伪装。

张鼓峰、诺门坎

1938年7月29日－8月11日，在中国、朝鲜、俄罗斯于中国东北的三国交界处，日军与苏军爆发了武装冲突。日军称为"张鼓峰事件"，苏军称为"哈桑湖之战"。在此战中，日军首次遭遇敌军大规模装甲部队的进攻。

日军参战部队是日本朝鲜军司令部下辖的步兵第19师团，由长尾高藏中将指挥。整个步兵第19师团只有14门九四式37毫米反坦克炮，专用反坦克炮的不足只能依靠十一年式37毫米平射步兵炮补充。日军山炮第25联队和野战重炮第15联队共有37门山炮、野战炮，日军将装备有8门九〇式75毫米野战炮的独立野炮第1联队的2个中队和装备有2门八九式150毫米加农炮的1个重炮中队加强给他们，但基本被苏军铺天盖地的炮火压制得抬不起头。此外，日军步兵还装备有九三式反坦克地雷。

苏军参战部队是第39步兵军，下辖第32、第39、第40三个步兵师，第2机械化旅、第59国境守备队及航空队。苏军参战的坦克为Ｔ－26轻型坦克和БТ－5型快速坦克，285辆用于正面进攻，66辆用于侧翼掩护。

在张鼓峰的战斗中，苏军坦克最难以克服的问题不是日军的反坦克攻击，而是崎岖的山地地形。这是日军首次进行有组织的"肉弹"反坦克进攻作战，步兵和工兵使用了反坦克地雷、炸药、火焰喷射器和燃烧瓶。日军宣称击毁了96辆苏军坦克，但实际上苏军只有17辆坦克被击毁，76辆坦克被击伤。苏军的坦步协同较差，但只要坦克与步兵没有脱节，日军反坦克步兵就无计可施。

在张鼓峰被苏军坦克教训了之后，日军终于认识到了步兵近距离反坦克作战的重要性。1938年9月，日军《作战要务令》中记述："对于攻入极近距离的坦克……各部队要果断进行近身攻击。"日本关东军开始分发西浦进大尉的报告，并组织日军士兵使用爆破武器进行反坦克作战训练。此时，日军步兵的近距离攻击战术已经成为整个日本陆军的战术了。

■ 上面两幅图是张鼓峰事件中，日军正在查看一辆被击毁的苏军 T-26 轻型坦克。这辆坦克似乎是被日军击毁之后车载弹药发生了殉爆，导致炮塔被掀翻。

■ 下图是日军击毁的苏军 T-26 轻型坦克，炮塔滚落在地。

■ 上图是张鼓峰事件中，日军击毁的苏军 T–26 轻型坦克残骸。

■ 下图是张鼓峰上的日军十一年式 37 毫米平射步兵炮阵地。

诺门坎位于今天中国内蒙古自治区海拉尔市以南约200公里处、呼伦贝尔盟新巴尔虎左旗与蒙古人民共和国的边境地区。诺门坎，中文亦有称"诺门罕"。由于当地有条名为"哈拉哈"的河流，所以诺门坎战役亦称"哈拉哈河战役"。这条河流在苏联地图上名为"哈勒欣河"，所以亦有中文称诺门坎战役为"哈勒欣河战役"。

1939年5月4日－9月16日，在苏蒙军与日伪军之间爆发了诺门坎战役。其中，1939年5月4日－6月20日之间的战斗，日军称为"第一次诺门坎事件"；1939年6月20日－9月16日之间的战斗，日军称为"第二次诺门坎事件"。

1939年8月20日，诺门坎地区的苏军已经集结了2个坦克旅和3个装甲旅，共装备438辆坦克和385辆装甲车。苏军装备的坦克装甲战斗车辆包括 БТ-5、БТ-7型快速坦克，Т-26轻型坦克、ОТ-26型喷火坦克、ОТ-130型喷火坦克、Т-37型水陆两栖坦克、БА-3型装甲车、БА-6型装甲车、БА-10型装甲车、БА-20型装甲车、FAI型装甲车和 СУ-12型76毫米自行火炮。

最初，蒙古军与伪满军爆发武装冲突后，日军步兵第23师团出动了师团属骑兵联队。在5架九八式轰炸机的支援下，日军骑兵赶走了蒙军骑兵。

1939年5月22日，得知苏军增援的日军步兵第23师团决定派遣大规模部队前往诺门坎地区。

这支部队由日军步兵第23师团的第64联队联队长山县武光大佐指挥，下辖第1大队的第4中队，第3大队的第9、10、11、12中队，1个机枪中队，共装备2门九二式70毫米步兵炮；步兵联队属炮兵中队，装备3门四一式75毫米山炮；步兵联队属速射炮中队，装备4门九四式37毫米反坦克炮；2个汽车中队和第8国境守备队1个汽车小队；共有官兵1600人，装备10挺重机枪，30挺轻机枪。

另有日军东搜索队，包括由第23师团的骑兵联队联队长东八百藏中佐指挥的1个骑兵中队，1个装甲车中队，官兵220人；骑兵中队装备6挺十一式6.5毫米轻机枪、6支八九式50毫米掷弹筒；装甲车中队装备12辆装甲汽车、1辆九二式装甲车和2辆小汽车，共装备5挺车载13毫米重机枪、7挺九七式7.7毫米车载重机枪和2挺九一式6.5毫米车载轻机枪。以及450人的伪满兴安北警备军第8骑兵团，装备2门山炮和5辆卡车。

与之对阵的是苏军第57步兵军的1个战斗群，由贝科夫少校（Bykov）指挥。其包括1个步枪－机枪营，下辖3个步兵连，加强有8辆Т-37型水陆两栖坦克；炮兵营第2炮兵连，装备4辆 СУ-12型76毫米自行火炮；第9装甲旅装甲连，装备21辆 БА-6型装甲车和FAI型装甲车；5月28日，增派了1个工兵连。另有苏军第149步兵团（欠1个营），第175炮兵营和蒙军第6骑兵师

■ 诺门坎战役中，奔驰在大草原上的苏军坦克，最近这三辆坦克从左至右依次为1935年型 БТ-7式快速坦克、БТ-5式快速坦克、1938年型 БТ-7式快速坦克。

■ 诺门坎战役中，日军正在布设九四式37毫米反坦克炮阵地。

作为后援。在整个5月的战斗中，苏蒙军共出动2300人，其中蒙军1257人。装备有8辆T-37型水陆两栖坦克、5辆OT-26型喷火坦克、39辆БА-6型装甲车和FAI型装甲车、4辆СУ-12型76毫米自行火炮、8门45毫米反坦克炮、12门76毫米野战炮和4门122毫米榴弹炮。

5月28日，在40多架飞机的支援下，日军向苏蒙军发起进攻。日军逼退了蒙古军第15骑兵团和苏军第2步兵连，突袭了蒙古军第6步兵师的师部，用手榴弹炸死了其师长沙布日少校，而且还缴获了1辆蒙古军的БА-6型装甲车。然而，这辆孤零零的装甲车，就曾使日军陷入窘境。缺乏反坦克武器的日军步兵一度只能使用三八式步枪向其射击。

随即，苏军4辆СУ-12型76毫米自行火炮和4门122毫米榴弹炮就把炮弹砸在日军头上，东八百藏的2辆装甲汽车和1辆小汽车被击毁。6个小时后，日军东搜索队的司机、马夫，甚至伤员，都不得不参加战斗了。无奈之下，东八百藏中佐只能派人去2000米之外的阵地上联系装备有反坦

克炮的步兵第9中队。但该中队的反坦克炮兵却拒绝前往支援，理由是没有山县武光大佐的命令就不能转移阵地。当晚的夜战，携带反坦克地雷和手榴弹的日军步兵不顾一切地冲向苏军装甲车，击退了苏蒙军步兵。

5月29日，苏军3辆T-37型水陆两栖坦克随着苏军炮兵的弹幕席卷日军阵地，7.62毫米机枪将拿着炸药包和燃烧瓶试图冲上来的日军士兵打得血肉横飞。第64联队属速射炮中队的1门九四式37毫米反坦克炮在500米距离上向1辆苏军坦克连续发射了3发穿甲弹，全部命中目标。但是，这门反坦克炮很快就被苏军侦察机引导而来的炮火炸毁了，5名反坦克炮兵全部阵亡。在最后的挣扎中，东八百藏中佐也死在了战场上。仅仅2天内，缺乏反坦克武器和手段的日军东搜索队就被苏蒙军摧毁了。

5月30日，接到东搜索队全军覆灭消息的第23师团紧急调遣增援，包括第71联队第2大队所属的第5中队，1个机枪中队，1个装备4门九四

■ 上图是日军士兵正在查看在诺门坎事件中被击毁的苏蒙军装甲车残骸。

■ 下图是诺门坎战役中，被日军击毁的苏军 БА–10型装甲车。

■ 上图是诺门坎战役中，日军的一个九二式7.7毫米重机枪阵地，在其旁边是一辆被击毁的苏蒙军 БА-10型装甲车，这幅场景看起来更像是"摆拍"。

■ 左图是日军缴获的苏军 БА-10型装甲车，1940年冬天时还在日本关东军中服役。

■ 下图是日军在诺门坎缴获的苏军 БА-10型装甲车和БА-3型装甲车。

■ 日军步兵第23师团的士兵站在缴获的苏军 БТ-7型坦克上欢呼，他们手中的木杆是制作杆雷所需的木棍。

式37毫米反坦克炮的速射炮中队，1个装备6门四一式75毫米山炮的炮兵中队。山县武光的3门四一式75毫米山炮和4门九四式37毫米反坦克炮尚未能击败苏军，再来个相同版本的部队就会有效么？

6月2日，日军在第一次诺门坎事件中的伤亡和损失数据统计了出来。东搜索队的220名日军官兵，115人阵亡、24人受伤、81人失踪，伤亡率63%；山县武光大佐指挥的部队，151人阵亡、55人受伤、92人失踪，伤亡率20%；伪满兴安北警备军第8骑兵团30人伤亡，伤亡率6%；损失8辆卡车、2辆小汽车、12辆装甲汽车、4门九四式37毫米反坦克炮、19挺轻重机枪和6支掷弹筒。苏军的损失为138人阵亡，198人受伤，10辆装甲车、3门火炮、15辆汽车。蒙军损失为33人阵亡，3辆 БА-6型装甲车。

6月20日，不甘心失败的日军卷土重来。在

小林恒一少将的指挥下，步兵第71联队和第72联队的所属部队向苏军发起进攻。经过2天的战斗，苏军的1个步兵营、1个装甲连和1个炮兵连撤退，遗弃了3辆装甲车。

6月23日，日军大规模增援部队向哈拉哈河进发。

向河东岸进攻的日军安岗支队，下辖第1战

■ 日军士兵兴高采烈地围着被击毁的苏蒙军装甲车合影留念。

车集群，包括战车第3、第4联队，独立野炮第1联队，工兵第24联队，步兵第64联队（欠步兵第3大队，加强第8国境守备队的速射炮第3中队和速射炮第6中队），汽车第3联队，高射炮第12联队的1个高射炮中队，独立工兵第22联队1个火焰喷射器中队，牵引车中队，电信第3联队1个无线电小队，并且配属步兵第7师团第28联队的第2大队（加强1个速射炮中队）和师团卫生队，以及1个伪满兴安骑兵师。整个安岗支队共有官兵8000多人，其中日军4000人，装备包括73辆九七式中型坦克、八九式中型坦克、九五式轻型坦克、九四式超轻型坦克（装甲车）在内的坦克、19辆装甲车，500多辆汽车，16门九四式37毫米反坦克炮，8门九〇式75毫米野战炮，4门三八式75毫米野战炮和4门高射炮。

跨越哈拉哈河向河西岸进攻的日军由小林恒一少将指挥，下辖第71联队，第72联队（欠步兵第3大队和半个速射炮中队），野战炮兵第13联队，工兵第23联队，第23辎重联队，通讯队，野战医院，卫生队和病马厂；还第7师团的第26联队，第25和第27联队所属的速射炮中队和山炮中队；第7师团第23搜索队、步兵第64联队第3大队第10中

队、高射炮队为渡河护卫队；步兵第64联队第3大队（欠第10中队）、第8国境守备队及其第1、2、4、5、7速射炮中队和第2汽车联队为第7步兵师团预备队。这支日军共10000名官兵，装备20门三八式75毫米野战炮，20门四一式75毫米山炮，12门三八式120毫米榴弹炮，34门九四式37毫米反坦克炮和4门高射炮。

6月24日，日军又急调增援的炮兵部队赶往诺门坎地区，包括精锐的野战重炮第3旅团，下辖野战重炮第1联队和独立野战重炮第7联队。这两个炮兵联队，每个下辖2个大队，每个大队下辖3个中队，每个中队装备4门火炮、15辆拖拉机、7辆卡车。由于野战重炮第1联队的第3和第6炮兵中队没有足够的九六式150毫米榴弹炮可换装，实际上只有第1、2、4、5炮兵中队参战，所以野战重炮第1联队装备的是16门九六式150毫米榴弹炮，而不是满编的24门。独立野战重炮第7联队装备的是16门九二式105毫米加农炮。每个野战重炮联队装备100辆拖拉机，104辆卡车，21辆汽车，6辆3轮摩托，10辆观察车，3辆修理车，以及自备的火车，共1600人。

从7月15日开始，还有从牡丹江要塞地区调

■ 1939年，在开赴诺门坎之前，日军的九二式105毫米加农炮在进行演习。

■ 日军炮兵正在诺门坎的草原上为三八式75毫米野战炮修筑阵地。

来的2个重炮中队，装备4门八九式150毫米加农炮，以及从大连旅顺调来的1个重炮中队，装备2门八九式150毫米加农炮。

1939年6月－7月1日前，苏军已经在诺门坎地区集结了以下部队：河东岸，苏军第36摩托化步兵师的第149团、第11坦克旅步兵营，第175炮兵团的第3炮兵营、第185炮兵团的第3炮兵营；总兵力为3200人，装备8门M1910/1930型122毫米榴弹炮，4门M1902/1930型76毫米野战炮，16门M1927型76毫米步兵炮，7门45毫米反坦克炮，53挺机枪，62辆装甲车。在河西岸，苏军部署了第8装甲旅的装甲连，第36摩托

■ 日军在诺门坎的草原上修筑的九〇式75毫米野战炮阵地。

化步兵师的第175炮兵团的第2炮兵营和第3炮兵营，第185炮兵团的第3炮兵营；其中第8装甲旅装甲连装备18辆装甲车，部分处于维修状态；炮兵部队则装备了12门M1934型152毫米重型榴弹炮，8门M1910/1930型122毫米榴弹炮，4门M1902/1930型76毫米野战炮，10门M1927型76毫米步兵炮。蒙古军第6骑兵师在河西岸掩护苏军左翼，蒙古军第8骑兵师则掩护苏军右翼。在前线后方120公里处，还有苏军第36摩托化步兵师的第24摩托化步兵团，第11坦克旅主力，第7装甲旅，第8装甲旅主力待命或处于行军状态。

1939年6月23日，日军开始与苏军交战，面对苏军50-60辆装甲车的进攻，日军将它们放到更近的距离上再开火射击，苏军在损失了10-16辆装甲车和卡车后撤退。有资料称，苏军第11坦克旅的1个坦克营在6月28日还以颜色，70多辆T-26坦克突袭了第23师团在将军庙的师团司令部，直到日军调来了大量九四式37毫米反坦克炮才击退了苏军。但是，苏军第11坦克旅的编制表中却没有装备过T-26轻型坦克的记录。

1939年7月2日，日军第71联队乘坐舟艇渡过哈拉哈河。刚完成渡河16分钟之后就遭到了蒙古第6骑兵师装甲车营的反击，直到第2大队和速射炮中队赶到之前，这些可怜的日军就只能以重机枪和燃烧瓶来进行抵抗。

7月2日-3日之间，苏军和日军都开始大规模投入己方的装甲部队参加。而且很有意思的是，双方最初的战斗，都是倾向于动用己方的装甲部队打击对方的步兵部队，所以最初的战斗都是在一方的坦克与另一方的步兵和反坦克部队之间展开的。7月2日，日军安岗支队的战车第1集群突袭了苏军第36摩托化步兵师的1个炮兵团阵地，击毁了苏军12门榴弹炮和野战炮、7门45毫米反坦克炮、5门迫击炮、2辆 БТ-5型快速坦克、10辆装甲车和20辆卡车，击毙了150名苏军步兵。

7月3日，在哈拉哈河西岸，朱可夫调集苏军第11坦克旅主力，在蒙古第6骑兵师、第8骑兵师装甲车营、苏军第24摩托化步兵团1个加强炮兵营的支援下向渡过哈拉哈河的日军发起反击。第71联队在占领了巴音查山之后，遭到苏蒙军12

■ 日军在巴音查山上修筑的九四式37毫米反坦克炮阵地，更像是"摆拍"，因为在实战中将如此显眼的膏药旗插在反坦克炮旁边无异于自取灭亡。

辆装甲车的进攻。在联队属速射炮中队到达之前，他们束手无策。苏军坦克和装甲车以少则几辆，多则30辆的规模反复对日军发起冲击。由于苏军的坦克和装甲车安装的都是汽油发动机，在蒙古草原白天炙热的阳光下进行高速行驶，导致发动机过热，很容易就会被日军的燃烧瓶点燃。野炮第13联队第3大队的三八式75毫米野战炮击毁的最近的1辆苏军坦克，已经冲到了距离火炮30米的地方。第72联队的九二式70毫米步兵炮甚至在5米的距离上打瘫了1辆苏军坦克。还有更多的苏军坦克和装甲车遭到了日军步兵的近距离攻击，他们携带炸药包、反坦克地雷和燃烧瓶，疯狂地冲向苏军坦克。由于投入实战之前日军收集了1200瓶玻璃汽水瓶用于制造燃烧瓶对抗苏军坦克，前来支援的第26联队勉强击退了苏军坦克的进攻。混乱之中，第23师团的师团长小林原中将则遭到了15辆苏军坦克和装甲车的穷追猛打，如果不是野炮第7中队及时救驾，小林原中将也就一命呜呼了。

战斗持续到7月4日，就连燃烧瓶这种简易武器，第26联队也只剩下48个了。7月5日，在苏军钢铁洪流的滚滚冲击之下，渡过了哈拉哈河的日军不得不撤回了东岸。

7月2日－3日，苏军也对安岗支队发起了反击。关于苏军对日军安岗支队的此次打击，已经有众多相关资料，这里不再赘述战斗过程。在战

■ 诺门坎战场上，日军一个九二式70毫米步兵炮炮组正在战斗间隙间休息，这种火炮对苏军坦克难以奏效。

斗中，日军投入战场的73辆各型坦克中损失了42辆，大部分毁于苏军坦克和步兵的45毫米反坦克炮。用于试验而投入战场的4辆九七式中型坦克也有1辆被击毁，而损失的42辆坦克中只有13辆得以回收和修复。日军战车部队宣称他们击毁了苏军32辆 БТ 型快速坦克和35辆装甲车。日军自己的损失太大，日本的国力也经不起这么严重的坦克损失，安岗支队残部只能灰溜溜地撤出战场。根据苏军记录，7月3日时，苏军在哈拉哈河东岸只有第9装甲旅的装甲车和第11坦克旅第2坦克营的8辆 БТ-5型快速坦克；7月3日，这8辆坦克中有3辆被日军打瘫而损失；7月4日，剩下的5辆里有3辆在战斗中受了轻伤。

7月2日－5日之间的战斗中，渡过哈拉哈河的日军被苏军赶了回去，而日军夺取哈拉哈河东岸苏军高地的行动也失败了。苏军第11坦克旅的损失还是很严重的。一旦迫近苏军坦克和装甲车，日军九四式37毫米反坦克炮和三八式75毫米野战炮都可以击毁苏军装甲战斗车辆。此时，苏军坦克多装备汽油发动机，因此日军燃烧瓶也产生了很大的威胁。苏军逐渐学会了如何扬长避短地打击日军，苏军坦克不再冲上日军阵地，而是停在日军反坦克炮的有效射程之外，集中炮火进行轰

苏军第11坦克旅的损失（7月3日）			
所属部队	坦克型号	装备数量	损失数量
第1坦克营	БТ-5型快速坦克	44辆	20辆
第2坦克营	БТ-5型快速坦克	28辆	17辆
第3坦克营	БТ-5型快速坦克	50辆	34辆
支援连	OT-26型喷火坦克	10辆	5辆
侦察连	БТ-5型快速坦克	5辆	1辆
总计		133辆	77辆

■ 在苏军第11坦克旅损失的77辆坦克中，有51辆属于无法修复的永久性损失。7月25日，第11坦克旅下辖的坦克就已达到了125辆。除此之外，苏军第11坦克旅装备的59辆装甲车也损失了37辆。蒙古军装甲车营损失了8辆装甲车。苏军第24摩托化步兵团从7月2日－5日，阵亡63人，受伤128人。

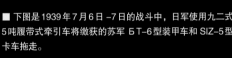

■ 上图是苏军第11坦克旅的一个 БТ–5型快速坦克车组向日军投降。

■ 左图是1939年7月，日军在哈拉哈河东岸缴获的苏军装备，其中 БТ–6型装甲车隶属于苏军第9坦克旅，M1909/30型122毫米榴弹炮隶属于苏军第175炮兵团。

■ 下图是1939年7月6日 –7日的战斗中，日军使用九二式5吨履带式牵引车将缴获的苏军 БТ–6型装甲车和SIZ–5型卡车拖走。

■ 上图和左图是日军在诺门坎战役中缴获的一辆苏军 БТ-5型快速坦克。

■ 下图是日军在诺门坎战役中击毁的一辆苏军 БТ-5型快速坦克。

击。这样的打法很难实现歼灭日军的目的，但是日军也确实就对苏军坦克和装甲车无可奈何了。7月5日，苏军15辆坦克在1500米的距离上炮击第7师团第28联队的尾川步兵大队。在这样的距离上，尾川步兵大队装备的2门九二式70毫米步兵炮和4门九四式37毫米炮根本无法对苏军坦克造成威胁，日军步兵除了拼命挖沟躲避以外就毫无办法了。7月6日之后，日军只能以苏军不太擅长的夜袭战来抵消苏军坦克部队的威力。

7月20日，苏军第2化学坦克旅第2连增援，装备OT-130型喷火坦克18辆，再加上诺门坎前线已有的19辆OT-26型喷火坦克，则苏军在8月初已经装备了37辆喷火坦克。7月23日-8月28日，苏军第11坦克旅得到了155辆БТ-7型快速坦克的加强。部分是装备柴油发动机的型号，这让日军的燃烧瓶难以发挥作用。

在装备处于全面劣势的情况下，日军士兵再次开始了疯狂的近距离反坦克攻击。日军的藤田大尉指挥1门九四式37毫米反坦克炮在多次击退了苏军坦克的进攻之后耗光了弹药。当苏军坦克再次来袭时，他手握武士刀爬上1辆T-26轻型坦克的炮塔，杀死了苏军车长，但是他自己的胳膊也被苏军坦克的炮手打成重伤。藤田大尉本人因为疯狂的"勇武"而获得了金鵄勋章，失去了一条手臂的他只能在军队当教导员来度过第二次世界大战余下的时间。

只要坦克和步兵脱节，日军步兵就能找到近

■ 这是曾在诺门坎战役中爬上苏军T-26轻型坦克以武士刀杀死苏军车长的藤田大尉。

距离打击苏军坦克的机会。在后来的战斗中，苏军装甲兵也明确了战术。对付那些在近距离上使用反坦克雷、炸药包、燃烧瓶袭击苏军坦克的日军反坦克步兵，最好的方法就是完善坦步协同。苏军对应的战术就是派出坦克吸引日军的反坦克步兵，然后以坦克后方的狙击手对这些日军士兵

苏军第11坦克旅的损失（7月3日-8月5日）						
所属部队	坦克型号	坦克损失情况		坦克乘员损失情况		
		烧毁	损坏	阵亡	负伤	失踪
第1坦克营	БТ-5型快速坦克	30辆	21辆	73人	33人	3人
第2坦克营	БТ-5型快速坦克	16辆	27辆	21人	21人	6人
第3坦克营	БТ-5型快速坦克	20辆	17辆	54人	15人	12人
侦察连	БТ-5/БТ-7型快速坦克	2辆/	2辆/2辆	10人	5人	
旅部	БТ-5型快速坦克		1辆	1人	1人	
支援连	OT-26型喷火坦克	1辆	8辆	3人	1人	
总计		69辆	78辆	162人	76人	21人

苏军第11坦克旅的损失（8月20–30日）							
日期	坦克相关情况					人员损失情况	
	参战	烧毁	损坏	回收	修复	阵亡	受伤
8月20日	154辆	9辆	17辆	20辆		10人	29人
8月21日	143辆	1辆	11辆	12辆		2人	20人
8月22日	130辆	3辆	21辆	9辆	11辆	45人	61人
8月23日	116辆	2辆	9辆	12辆	6辆	2人	32人
8月24日	106辆	2辆	6辆	11辆	1辆	14人	28人
8月25日	88辆	1辆	10辆	5辆	7辆	9人	25人
8月26日	60辆	1辆	12辆	3辆	6辆	3人	24人
8月27日	59辆	1辆	5辆	1辆	5辆	3人	13人
8月28日	66辆	1辆	5辆	7辆		1人	11人
8月29日	65辆		4辆	5辆	1辆	3人	6人
8月30日	38辆	1辆	2辆	4辆		3人	5人
总计		22辆	102辆	89辆	37辆	95人	254人

■ 在此期间，第11坦克旅损失38辆 БТ–7型快速坦克，76辆 БТ–5型快速坦克，4辆 T–37 水陆两栖坦克，7辆 OT–26型喷火坦克和7辆 FAI型装甲车。在苏军回收的坦克中，有相当部分是由于在赶往战场的途中出现了各种故障和磨损，导致根本没有到达战场，而不是因为遭到日军毁伤。

苏军第6坦克旅的损失（8月21–9月1日）					
日期	坦克相关情况				
	参战	烧毁	损坏	回收	修复
8月21日	153辆	4辆	4辆		2辆
8月22日	163辆	11辆	10辆		2辆
8月23日	99辆		6辆		
8月24日	141辆	3辆	8辆		13辆
8月25日	143辆	3辆	5辆		5辆
8月26日	139辆	1辆	11辆		6辆
8月27日	85辆				8辆
8月28日	91辆		3辆	1辆	4辆
8月29日	53辆		4辆		5辆
8月30日	46辆		3辆		4辆
9月1日	40辆		2辆		
总计		22辆	56辆	1辆	49辆

苏军第9坦克旅的损失（8月20–30日）					
日期	坦克相关情况				
	参战	烧毁	损坏	回收	修复
8月20日	56辆				
8月21日	55辆	1辆			
8月22日	55辆		2辆		2辆
8月23日	55辆		2辆		2辆
8月24日	55辆	1辆			
8月25日	54辆				
8月26日	54辆	1辆			
8月27日	53辆		2辆	1辆	2辆
8月28日	53辆		3辆		3辆
8月29日	53辆				
8月30日	53辆				
总计		3辆	9辆	1辆	9辆

进行逐一射杀。

8月20日，苏军开始大规模进攻，意图消灭诺门坎地区的日军。苏军第11坦克旅的坦克损失情况也开始再次增多。

1939年8月20日，苏军向日军发起大规模反击后，日军的一切反坦克战术都归于无效。上空是铺天盖地而来的苏军战斗机和轰炸机，苏军炮兵将冰雹一般的炮弹疾风暴雨似的倾泻在日军阵地上，地面上的苏军坦克、装甲车引导着步兵排山倒海地推进过来……

在苏军强大的立体攻势之下，实际上还停留在第一次世界大战时期水平的日军土崩瓦解。8月20日–8月30日的10天时间里，第23师团的伤亡率就达到了98%，而第7师团的伤亡率则达到了73%，4个炮兵联队的全部装备几乎全部扔在了诺门坎的荒原上，各种技术兵器和装备的损坏率达到80%。不算被苏军击毁，仅计算被苏军缴获的日军反坦克炮、各型火炮和迫击炮，就包括：1支九七式20毫米反坦克枪、55门九四式37毫米反坦克炮、30门九二式70毫米步兵炮、62门四一式75毫米山炮、三八式75毫米野战炮、九〇式75毫米野战炮、8门九二式105毫米加农炮、11门三八式120毫米榴弹炮、5门八九式150毫米加农炮、7门九六式150毫米榴弹炮、

■ 上图是苏军在诺门坎战役中缴获的唯一一支日军九七式20毫米反坦克枪。

■ 左图是苏军在诺门坎战役中缴获的一门日军九四式37毫米反坦克炮。

■ 下图是苏军在诺门坎战役中缴获的九二式70毫米步兵炮。

■ 左图是苏军在诺门坎战役中缴获的日军四一式75毫米山炮。

■ 下两图是苏军在诺门坎战役中缴获的八九式150毫米加农炮。

■ 下图是苏军在诺门坎战役中缴获的九六式150毫米榴弹炮。

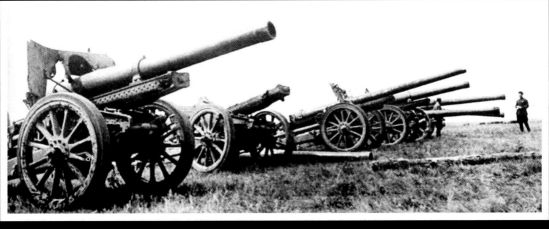

■ 日军在诺门坎缴获的苏军 T-37 型水陆两栖坦克。

5门83毫米迫击炮、6门90毫米迫击炮、7门150毫米迫击炮，还有大量步枪、机枪、掷弹筒、车辆等。

同时，诺门坎战役中的苏军也有大量技术兵器和装备的损失，其中损失坦克、装甲车、自行火炮共计397辆，在这些损失中，有很多都得到了修复，但是具体数量不详。无论如何，苏军在给日军造成了毁灭性灾难的同时，自身也付出了巨大的损失。尤其是苏军的坦克部队，确实被日军毁伤了数量众多的坦克和装甲车。

苏军损失巨大无非下列原因：由于斯大林错误的"大清洗"运动，导致大量优秀的苏联红军指战员冤死或入狱，奸诈无能之辈反而纷纷上位，这种黄钟毁弃、瓦釜雷鸣的局势导致苏联红军从军官到士兵的素质都严重下降；7月3日，朱可夫在指挥苏军第11坦克旅对日军发起冲锋时，是在没有步兵配合的情况下进行的，自然也就让日军步兵找到了近距离打击坦克的机会；苏军此时使用的 БТ 系列快速坦克和 T-26 轻型坦克装甲很薄，БТ-5 和 БТ-7 型快速坦克装甲最厚处只有13毫米，БТ-7M 型快速坦克装甲最厚处也只有22毫米，T-26 轻型坦克装甲最厚处也只有15毫米，日军的九四式37毫米反坦克炮完全有能力击穿这些坦克，就不用说那些装甲更薄的装甲车了；苏军坦克和装甲车多使用汽油发动机，一旦被日军燃烧瓶命中就会剧烈燃烧。

诺门坎战役后期，苏军集结的坦克部队规模太大，有些坦克换装了不易被点燃的柴油发动机，

诺门坎战役苏军装甲战斗车辆的损失

车辆型号	损失数量
БТ-5 型快速坦克	127辆
БТ-5RT 型快速坦克	30辆
БТ-7 型快速坦克	30辆
БТ-7RT 型快速坦克	27辆
БТ-7A 火力支援型快速坦克	2辆
T-26 轻型坦克	8辆
OT-26 型喷火坦克	10辆
OT-130 型喷火坦克	2辆
T-37 型水陆两栖坦克	17辆
БА-3 装甲车	8辆
БА-6 装甲车	44辆
БА-10 型装甲车	41辆
БА-20 型装甲车	19辆
FAI 型装甲车	21辆
T-20 型共青团员式装甲牵引车	9辆
СУ-12 型76毫米自行火炮	2辆
总计	397辆

诺门坎战役苏军装甲战斗车辆的损失原因

损失原因	占全部损失数量百分比
毁于反坦克炮、反坦克枪	75%-80%
毁于野战炮、榴弹炮、加农炮、山炮	15%-20%
毁于燃烧瓶	5%-10%
毁于地雷和手榴弹	2%-3%
毁于航空兵的扫射和轰炸	2%-3%

组织了有效的坦步协同，以及在日军反坦克炮的有效射程外炮击日军，这些手段很快就使日军反坦克战术归于失败。

■ 被日军击毁的苏军 БТ-5 型坦克。7月初，苏军坦克很多采用的是汽油发动机，让日军的燃烧瓶有了用武之地；到了8月份，更换了柴油发动机的苏军坦克让日本人的燃烧瓶丧失了作用。

诺门坎战役苏军火炮的损失		
武器型号	损失数量	损失数量中永久性损失数
82毫米迫击炮	8门	8门
45毫米反坦克炮	20门	8门
M1927型76.2毫米步兵炮	14门	7门
M1902/1930型76.2毫米野战炮	11门	2门
M1910/1930型107毫米加农炮	4门	
M1910/1930型122毫米榴弹炮	31门	5门
M1934型152毫米重型榴弹炮	6门	
总计	94门	30门

诺门坎战役苏军非战斗型车辆的损失		
车辆类型	损失数量	损失数量中永久性损失数
卡车	496辆	118辆
特种汽车	99辆	17辆
小汽车	32辆	
履带式牵引车	40辆	4辆
摩托车	25辆	4辆
总计	692辆	143辆

■ 上图是日军将缴获的苏军坦克和装甲车装上火车运走，还不忘将苏联宣传为"人类公敌"。

■ 下图是日军缴获的大量苏军装备，包括 БТ-5型快速坦克和各型火炮。

■ 上图和下图都是日军在诺门坎缴获的苏军45毫米反坦克炮。左图则是日军缴获的苏军M1902/30型76毫米野战炮。

诺门坎战役中，苏军坦克部队给日军造成了巨大震撼。当时苏军和日军的坦克有个相似点就是都使用口径较小但炮管较长的坦克炮执行主要的反坦克任务，使用口径较大但是炮管较短的坦克炮执行主要的反步兵和炮兵任务。前者的坦克炮，苏军的 БТ 系列快速坦克和 Т-26 轻型坦克口径为 45 毫米，就连苏军的 БА-3/6/10 型装甲车也都装备 45 毫米炮，而日军的九五式轻型坦克只装备 37 毫米炮。后者的坦克炮，苏军的 БТ-7А 火力支援型快速坦克装备的是口径为 76.2 毫米的榴弹炮，而日军的八九式和九七式中型坦克装备的是 57 毫米的坦克炮。然而，总体来看，苏军坦克部队给日军造成的震撼主要还是来自于战略战术、思想概念层面而不是技术本身。苏军将坦克部队用于独立作战，形成集中的"拳头"向敌军进行突击和迂回，日军则将坦克配属给步兵成为支援性武器。苏军坦克的武器装备主要用于打击敌军坦克，日军坦克的武器装备则主要用于打击敌军步兵。

1939 年 9 月 16 日，诺门坎战役落下帷幕。在被苏军坦克部队打得溃不成军之后，尽管日军中还有部分守旧的将领认为日军步兵的"肉弹"可以打败坦克，武士道精神可以战胜钢铁，但是清醒的那部分日军还是开始了对坦克和反坦克作战的重视。日本陆军部将研究近距离反坦克作战的任务交给以"七七"事变为契机成立的日军近战兵器研究委员会。日本陆军技术本部和日本陆军科学研究所在调查了诺门坎战役和现役日本陆军的实际情况后，总结出了《肉搏攻击用反战车武器参考材料》，其中提出的研究项目超过 30 种。

1939 年 10 月，日本陆军技术本部和日本陆军科学研究所将该份材料提交日军近战兵器研究委员会。1939 年 11 月，日本陆军步兵学校也向日军近战兵器研究委员会提交了《关于反战车肉搏攻击材料的意见》，介绍了日本陆军步兵学校自创的反坦克武器与战术。此份材料称："鉴于诺门坎事件，关于应对敌军坦克，寻求划时代的手段与方法已经到了极为紧要的关头。为消灭

■ 诺门坎战后日本军国主义的宣传画，宣扬藤田大尉在诺门坎用武士刀肉搏苏军坦克的"勇武"精神，这种肉搏反坦克精神得到了日军的高度宣扬。

敌军坦克而研究各种枪炮当然是最根本的，但为通过各种手段，达到自卫的目的，作为所谓的最后手段，也应该研究整理近距离攻击的材料。对于坦克，各部队要抱着必胜的信念坚持作战，我们相信这才是目前最紧急的事项。"

日军近战兵器委员会在整理了各种要求并对其进行研究后，委托日本陆军步兵学校在1939年10月末到11月进行"反机甲战斗研究演习"。1939年12月，被苏军坦克部队吓得惶惶不可终日的日军召开了第9次委员会。在此次会议中，日军将已经研究好的材料和正在研究的材料都提供给人们阅读，并且彻底讨论了反坦克武器的运用、技术资源的配备等各个方面的相关问题，决定了研究重点和研究顺序。会议决定研究的项目包括反坦克手榴弹、棒地雷等19个项目，武器的开发主要由日本陆军技术本部负责，试验型武器在数月内即完成。1940年2月，日军进行了各种试验型反坦克武器的实验，并再次召开了第10次委员会对实验结果进行审查，委员会的参与者也纷纷发表意见。

日本陆军技术本部工兵少佐中村认为："……需要促进研究。例如明确反坦克武器和近距离反坦克武器之间的关系，决定各自应具备的条件并在其基础上制造适当的武器……特别应将其写入反坦克肉搏攻击的教材中。"

日本陆军部兵务局职员兼日本陆军技术本部步兵中佐付向田认为："在进行反坦克武器研究时，研究坦克的特征、敌军坦克的战术，必须首先确立相应的根本原则。"

但是，或许日军野战炮兵学校的教官三岛大佐的发言才是更有价值的；"在使用近距离反坦克武器时让士兵抱着必死的决心是没有价值的……"

就在日军对如何对付敌军坦克研究得热火朝天之际，世界的另一端又起烽烟。日本同一阵营的盟友，纳粹德国，在1940年5月10日发起了对法国、荷兰、比利时等国家的入侵。1940年6月22日，号称拥有欧洲第一陆军的法国投降了。一时间，德军的闪电战不仅震惊了敌国，也震惊了盟友日本。

此时，日军反坦克武器和战术的研究都是基于西班牙内战和诺门坎事件。当日军发现类似的武器和战术根本无法抵挡强大的装甲部队进行的横冲直撞时，自然就对其实际意义产生了怀疑。1940年10月，日军对近距离反坦克作战的研究终于告一段落。但是就像日军战车部队的作战教义一样，摒弃近距离反坦克的日军反坦克作战教义也只停留在纸面上而没有实行。事实上，当日军在太平洋岛屿上被盟军的坦克逼得山穷水尽的时候，"肉弹"反坦克的近距离战术再次成为了日军反坦克作战的主要思想并被大加鼓励。

远在天边的传闻毕竟还是没有近在眼前的状况更直观。在中国东北与苏联的边境地区偃旗息鼓之后，日军掉过头来面对的还是贫弱不已的中国军队，敌军坦克始终不是迫在眉睫的问题。诺门坎战役中，由于苏军自身的失误而导致的坦克部队严重的损失似乎也支持了日军"肉弹"胜坦克思想的继续存在。在诺门坎战役中，日军缴获了多辆包括 БТ-5 型快速坦克在内的苏军装甲战斗车辆，日军称 БТ-5 型快速坦克为"T-22型坦克"。日军将缴获的"T-22型坦克"拉回去进行各种射击和爆破试验，这种装甲最厚处只有13毫米的坦克很容易就被击穿了，看起来坦克似乎也并不难对付……可以说，日军并没有遭遇过"在技术上无法战胜"的敌军坦克。

当然，太平洋彼岸的另一个国家很快就会让日军明白这样的坦克是什么样子。随着《苏日中立条约》的签订，以及日军"北进派"的失势和"南进派"的得势，试探"北极熊"不成的日军做出了更加不可思议的决定——招惹"白头鹰"。

"斯图亚特"危机

1942年4月25日在缅甸密铁拉（Meiktila）附近的密法（Meikfa）以东地区，由日军坦克和摩托化步兵的车辆组成的一支行军纵队正在道路上追击撤退的英军。突然，英军第7女王直属轻骑兵团的3辆坦克从密林中杀出。日军坦克根本拦不住势不可挡的英军坦克，日军步兵更是束手无策，被英军坦克撵得四散奔逃。英军坦克横扫整个日军车队，坦克炮把日军坦克打成火球，7.62毫米车载机枪像带火的镰刀一样来回切割着日军的运兵车。浩劫过后，整个日军行军纵队都被撕成了碎片……

上面描述的情景听起来似乎更像是传说中某些"怪物"般的德军坦克曾经多次创造的战绩。但是在这一战例中，以少胜多并且给敌军带来毁灭性灾难的，并不是57吨重的德军"虎"式重型坦克，而是只有14吨重的美制M3轻型坦克（英军将其称为"斯图亚特"，但美军自己从来不这么称呼）。

太平洋战争初期，这种14吨重的轻型坦克几乎给日军造成了一场灾难。

1941年12月7日，日军偷袭珍珠港，太平洋战争爆发。在远东地区的西太平洋岛屿和东南亚地区，欧美国家的殖民地军队还没有做好充分的准备对抗日军的进攻。在马来亚半岛和缅甸的英军只装备了兰彻斯特（Lanchester）型装甲车和玛蒙·赫林顿（Marmon Herrington）型装甲车。兰彻斯特型装甲车的装甲最厚处只有9毫米，装备1挺维克斯型12.7毫米重机枪和2挺维克斯型7.7毫米轻机枪，总共4种型号产量加起来不过33辆。玛蒙·赫林顿型装甲车型号不同性能也不同，1940年－1941年生产的型号，装甲不过6－12毫米厚，装备1－2挺维克斯型或布伦型机枪而已。这样的装甲车只能用来镇压一下殖民地的土著起义军。

同时期位于荷属东印度群岛上的荷兰殖民军——荷兰皇家东印度军（Royal Netherlands

■ 1942年在缅甸拍摄的英军第7女王直属轻骑兵团的一辆M3/"斯图亚特"轻型坦克。

■ 右图是1941年11月13日在马来半岛某地拍摄，英军士兵正在与兰彻斯特装甲车进行联合训练。

■ 下图是1941年12月拍摄的驻守新加坡的英军装备的玛蒙·赫林顿 Mk 3型装甲车。

■ 上图是1941年12月，荷兰皇家东印度军装备的美制玛蒙·赫林顿 CTLS—4TA 轻型坦克。美军援助的25辆 CTLS-4TA 轻型坦克直到开战前几个星期才抵达，荷军坦克兵因此没能接受足够的训练。

■ 下图是荷兰皇家东印度军的"Overvalwagens"型装甲车。

Indies Army）装备了比东南亚英军更多的装甲战斗车辆，但情况也不容乐观。当时，荷兰本土已经被德军占领，但荷兰殖民军依然在加强太平洋地区的军事力量。在日军入侵之前，荷兰殖民军真正成建制的装甲部队只有两支。其中，只有荷兰皇家东印度军机动纵队装备了坦克，荷兰皇家东印度军第1骑兵团只装备装甲车。荷属东印度群岛上也由其他的荷兰殖民军装备有英制维克斯 M1934 型水陆两栖坦克，与淞沪会战时国民党军装甲兵团战车营第2连装备的维克斯3.5吨水陆两栖坦克型号相同，但这些坦克只用于训练。荷兰皇家东印度军机动纵队是一支营级规模的装甲部队，真正装备坦克的只有其所属的1个坦克连，连部排装备3辆英制维克斯 M1936 轻型坦克，第1坦克排装备7辆美制玛蒙·赫林顿 CTLS-4TA 轻型坦克，第2坦克排和第3坦克排各装备7辆英制维克斯 M1936 型轻型坦克，共有坦克24辆。这里的英制维克斯 M1936 轻型坦克也就是英国维克斯6吨轻型坦克，但荷军装备的是只有机枪的型号，第1坦克排装备的 CTLS—4TA 轻型坦克也是只装备机枪的型号。荷兰皇家东印度军机动纵队的其余部队，荷兰皇家东印度军第1骑兵团，以及其它荷属东印度群岛上的荷兰殖民军则装备英制卡登·洛伊德 M1931 轻型坦克，阿尔维斯·施特劳斯勒（Alvis Straussler）AC3D 型装甲车，玛蒙·赫林顿型装甲车，美制 M3A1 型半履带装甲侦察车，德制克虏伯型装甲车，以及由荷兰殖民军在当地自行改装制造的共3种不同型号的"Overvalwagens"型装甲车，"Overvalwagens"即为荷兰语"突击车"之意。

1942年3月2日，在3辆玛蒙·赫林顿型装甲车，3门37毫米反坦克炮，1个装备4门75毫米山炮的炮兵连的支援下，荷兰皇家东印度军机动纵队向日军据守的索邦（Soebang）镇发起进攻。在索邦布防的是日军障子支队，障子支队下辖日军步兵第230联队，1个山炮大队，1个速射炮大队，1个轻型战车中队，1个高射炮中队，1个工兵中队，2个独立工兵中队，1个机动辎重中队，桥梁设备中队1个小队，第40锚地司令部一部和机场大队一部。但是占领索邦的日军只有100人，其中包括障子支队的指挥官障子利重大佐，配属的火炮只有1门九四式37毫米反坦克炮和1门四一式75毫米山炮。

8时10分，荷军机动纵队坦克连第1坦克排的7辆CTLS-4TA轻型坦克，2辆玛蒙·赫林顿型装甲车与载着1个步兵排的"Overvalwagens"型装甲车向日军发起进攻，日军被打了个措手不

及。然而，无顶盖的"Overvalwagens"型装甲车很快就在日军的火力之下陷入困境。由于步兵无法跟进，荷军坦克无法单独占领小镇，在损失1辆坦克后撤退。另两个荷军的步兵排试图下车徒步攻入小镇，但是在日军坚固的防御下无法推进。当荷军坦克连的第2坦克排和第3坦克排杀入小镇的时候，日军已经在最初的慌乱之中缓了过来，使用反坦克炮和山炮击毁了荷军第2坦克排3-4

■ 上图是被日军反坦克炮击毁的一辆英制维克斯轻型坦克。

■ 下图这些是在1942年3月的索邦之战中，被日军击毁的CTLS-4TA轻型坦克残骸。

■ 此照摄于1941年12月20日，一支菲律宾侦察队正在进入林加延湾附近的波索鲁维奥（Pozzorubio），可见一辆美军的M3轻型坦克停在路边。

辆维克斯M1936型坦克。

9时15分，荷军坦克连第3坦克排，营部连的3辆坦克，第1坦克排和第2坦克排残部，共17辆坦克，再次向日军发起进攻。道路两侧埋伏的日军同时射来猛烈的火力，荷军坦克没有步兵支援，在损失了4辆坦克后撤退。同时，日军的增援赶到，并且从侧翼威胁到了荷军步兵。10时15分，荷军坦克前往解救步兵，在艰苦的战斗过后，荷军终于突出重围。第2天，荷军1个步兵营在没有坦克支援的情况下再次向日军据守的索邦发起进攻，仍然没能攻破日军防线。

在索邦攻防战中，荷军阵亡15—16人，受伤12—13人，36人失踪，其中大部分都做了日军的俘虏；装备损失为13辆坦克，3辆"Overvalwagens"型装甲车，1辆玛蒙·赫林顿型装甲车，1门反坦克炮；另一说，荷军8辆坦克被日军击毁，3辆损失于稍后的日军空袭。

日军凭借极为有限的兵力打退了缺少计划的荷军轮番的坦克进攻，荷军试图收复索邦的计划失败了。荷军机动纵队150人的装甲步兵连几乎

没有发挥任何作用，荷军炮兵也没有进行有效的协同。

太平洋战争爆发时，在菲律宾的美军装甲部队为美军第1暂编坦克群，下辖第192坦克营和第194坦克营，装备108辆M3轻型坦克，50辆装有M1897A5型75毫米炮的M3型半履带式自行火炮。日军入侵初期，美军坦克通常执行反冲击任务，随着战局的倾颓，美军坦克改为执行后卫任务，负责阻击和干扰日军的追击。

1941年12月27日，在菲律宾卡门（Carmen）附近的3号公路上，美军第194坦克营的3辆M3轻型坦克和2辆半履带式装甲运兵车伏击了日军战车第4联队搜索队的装甲车纵队。在短短的15分钟内，美军坦克横扫日军。从此，日军不得不一次又一次面对这些噩梦般的美军轻型坦克。

1942年1月1日，美军第194坦克营再次伏击了日军战车第4联队，5辆八九式中型坦克被击毁。1月5日，鲁堡镇，日军山炮第48联队的四一式75毫米山炮支援田中支队的步兵发起进攻，结果遭到美军第194坦克营2辆M3轻型坦克和2辆

半履带式装甲运兵车的"单方面屠杀"。

　　菲律宾战役中的美军坦克经常处于防御状态，日军反坦克炮很少有机会进行伏击，缺乏反坦克武器的日军步兵就只好在美军坦克的火力之下苦苦挣扎。

　　1942年1月10日，日军终于等来了复仇的机会。第16师团第20联队的第3大队成功地利用溪谷和河流从斯兰加纳山（Silanganan）南部渗透到了北部，随后建立了防御点。在第26骑兵团的配合下向，美军第194坦克营向日军发起进攻。在美军坦克缺乏步兵掩护的情况下，温莱特中将（Wainwright）催促第194坦克营C连连长墨菲特上尉（Moffitt）发起进攻。墨菲特上尉意识到，没有足够的步兵掩护是不行的，但他只能硬着头皮执行了命令。在美军坦克的必经之路上，日军布设了九三式反坦克地雷。美军的M3轻型坦克没开出多远，就有2辆陷在了雷区里，布雷的日

军步兵却早已溜之大吉。第3大队只有十一年式37毫米平射步兵炮，根本无法击穿美军坦克的装甲。美军坦克也因为周围浓密的植物而无法找到日军的准确位置，在不断向可疑方位进行还击的同时，2辆身陷雷区的美军坦克也得以幸运地撤了回来。

　　1941年12月26日，美军第194坦克营遭到了日军九五式75毫米野战炮的伏击。在战斗中，英勇的美军坦克兵甚至驾驶着M3轻型坦克冲垮了日军设置的圆木障碍，驱散了日军九五式75毫米野战炮的炮兵。然而，日军的九五式75毫米野战炮也击毁击伤了美军坦克。只不过，缺乏反坦克武器的日军步兵依然尴尬——面对瘫痪的美军坦克，他们依然无法进入，甚至无法将其摧毁，致使美军坦克兵得以逃脱。

　　1942年1月26日，在奥利安－巴加克（Orion—Bagac）防线的战斗中，第192坦克营的

■ 这幅彩绘描绘的便是1941年12月26日，美军第194坦克营C连的M3轻型坦克冲垮了日军设置的圆木障碍，驱散了日军九五式75毫米野战炮的炮兵。

M3轻型坦克和半履带装甲车给躲在溪谷中的日军以巨大杀伤。疯狂冲锋的日军数次攻上美军阵地，但都被支援美军坦克的步兵使用M1928"汤普森"型11.43毫米冲锋枪和M1911型11.43毫米手枪击退。中午11时30分，日军重炮和迫击炮开火，该坦克营才撤离阵地。

1942年4月6日，在8号公路附近，美军第194坦克营奉命支援第45步兵团迎击日军步兵第65旅团。在美军坦克和步兵的突袭之下，日军士兵遗弃了大量火炮、迫击炮和步枪，被干得四散奔逃。直到九五式75毫米野战炮击毁了领头的2辆M3轻型坦克，美军坦克才撤出战场。1942年4月8日，日军第4师团第8联队和长野支队撕开了美军防线，仅凭有限的美军坦克进行单打独斗是无法挽回败局的。1942年4月9日，第194坦克营销毁了现有的装备。

在1941－1942年的菲律宾战役中，美军的两

■ 上图是1942年1月23日，马尼拉，日军独立速射炮第2大队第8中队缴获的美军M3轻型坦克。

■ 下图这幅彩绘描绘的是1942年1月26日美军第192坦克营与使用"汤普森"冲锋枪的步兵横扫日军车队的场景。

■ 1942年在菲律宾，几名日军面对行驶而来的美军轻型坦克，准备发起"肉弹"攻击，这一场景很有可能是战斗结束后的"摆拍"。

个坦克营损失了全部装备，却在防御战中杀伤了大量日军。除了搬来行动不便的大口径火炮进行对抗之外，日军对M3轻型坦克可谓一筹莫展。

太平洋战争爆发后，在远东地区有着广阔殖民地的英国也受到了日军的严重威胁。随着日军的步步紧逼，英军紧急调派第7装甲旅赶往缅甸布防。英军第7装甲旅下辖第2皇家坦克团、第7女王直属轻骑兵团和第414皇家炮兵连；第2皇家坦克团和第7女王直属轻骑兵团的规模相当于两个坦克营，共装备115辆M3/"斯图亚特"轻型

■ 日军坦克兵与在菲律宾缴获的美军M3轻型坦克。日军缴获的M3轻型坦克很多都被编入自身的装甲部队中。

坦克；第414皇家炮兵连装备24门25磅野战炮。

到达缅甸后，英军第7装甲旅很快就发现其气候湿热、河流众多、植被茂密的自然环境不适合坦克作战。第7装甲旅曾在北非与装备精良的德军交战，丰富的实战经验使英军自信满满。第7装甲旅旅长安斯蒂斯（Anstice）认为，日军根本没有有效的反坦克炮，九五式轻型坦克和九四式超轻型坦克不仅数量稀少而且不堪一击。在后来的战斗中，第7装甲旅确实给予日军以重创，但英军也绝不会想到即将面对的敌人是何等凶残。

与入侵菲律宾的日军一样，入侵缅甸的日军也更倾向于使用大口径火炮对抗英军坦克。1942年2月末，日军步兵第33师团和第55师团在沃镇（Waw）—勃固（Pegu）—锡唐河（Sittang）一线向英印第17步兵师发起进攻，英军第7装甲旅前往支援。1942年3月2日，第2皇家坦克团的1个坦克分队的3辆"斯图亚特"坦克在巡逻一条灌溉渠的时候遭到日军75毫米野战炮的密集轰击，2辆坦克被击毁。

3月3日－4日之间，英军第2皇家坦克团C中队在英印第17步兵师西约克郡步兵团第1步兵营的支援下向沃镇发起进攻。晨光中浓密的大雾遮蔽了英军坦克的视野，日军步兵有了可乘之机。一大群"叽哩哇啦的日军步兵"将英军坦克团团围住。英军"斯图亚特"坦克的机枪和坦克车长的"汤普森"冲锋枪射出致命的火力，但日军步兵还是拼命地举着杆雷试图炸毁英军坦克的炮塔。如果不是第7女王直属轻骑兵团前来救驾，恐怕凶多吉少。C中队撤退之后，在茂密的丛林中几乎迷失了方向。在噩梦一般的行军途中，神出鬼没的日军狙击手不断骚扰着将头探出车外的英军坦克车长。

3月5日，英军第7女王直属轻骑兵团对阵日军战车第2联队和独立速射炮第11中队，日军1

■ 这是1942年驻缅英军装备的一辆M3/"斯图亚特"坦克。

个装备九五式轻型坦克的战车中队遭到全歼。装备九四式37毫米反坦克炮的独立速射炮第11中队使用射击英军坦克履带的战术，打瘫了福斯迪克上校（Fosdick）的座车，B中队也遗弃了1辆被打瘫的"斯图亚特"坦克。当天夜间，B中队1个坦克分队的3辆"斯图亚特"坦克在赶往团部的途中被日军独立速射炮第11中队的4门九四式37毫米反坦克炮反复命中，但英军却难以发现日军反坦克炮的位置。随即，英军埃克赛斯义勇骑兵团的炮火观察员引导炮兵对日军阵地进行了猛烈的轰击。在英印第17步兵师西约克郡1个步兵连的配合下，英军第7女王直属轻骑兵团A中队几乎全歼日军独立速射炮第11中队，缴获了日军反坦克炮并且击毙了大量日军士兵。

在撤往仰光的路途上，英军第7装甲旅在日军无休止的骚扰和夜袭中冲破了步兵第33师团的封锁。在此期间，日军步兵曾用燃烧瓶烧毁过英军坦克。英军步兵上尉詹姆斯·伦特（James Lunt）问第2皇家坦克团的1名坦克分队长，在缅甸和日军作战的感觉与在北非的作战经验有什么不同。这位排长的回答高度概括了日军的特点："都他妈差不多，但是麻烦的是，这些日本狗杂种竟然不会像意大利人那样被打退！"

与菲律宾的两个美军坦克营一样，英军第7装甲旅也在后卫任务中一点点地损失着宝贵的坦克。1942年3月29日，在瑞当（Shwedaung）地区，支援英印第17步兵师的第7女王直属轻骑兵团在拥堵的桥梁处遭到日军炮火急袭。在战斗中，英军击毙和俘虏了数百名日军和缅甸伪军士兵，但英军也损失惨重。第7女王直属轻骑兵团损失了10辆"斯图亚特"轻型坦克，西约克郡步兵团损失了2门火炮，整个车队的300辆车辆非毁即弃，350人非死即伤。

1942年4月13日-17日，在托克松（Tokson）村的战斗中，日军1门75毫米火炮在极近距离上连续6次命中第2皇家坦克团的1辆"斯图亚特"坦克，从而将其击毁。日军付出了50人被击毙的代价。4月23日-27日，第7女王直属轻骑兵团的两个坦克分队摧毁了日军两支辎重车队之后，英军开始跨越亲墩江撤往缅甸。在11个星期的漫长战斗中，第7装甲旅的两个营级坦克团共损失45辆坦克。其中，有半数毁于日军进攻，半数损失于机械故障和道路事故。当第7女王直属轻骑兵团撤退到缅甸和印度边境时，全团只有1辆坦克可用了。

根据第2皇家坦克团的记述，日军75毫米火炮一旦命中"斯图亚特"坦克，可以有效地迫使其停车，但无法击穿其正面装甲，只能击穿其侧面和后部装甲。日军75毫米火炮击中的英军"斯图亚特"坦克中，有25%被击毁了。

根据第2皇家坦克团的记述，日军最具杀伤

■ 1942年损毁于缅甸丛林中的英军第2皇家坦克团A中队的一辆M3/"斯图亚特"坦克。

力的武器竟然是八九式50毫米掷弹筒。日军对这种武器的应用十分娴熟，以至于这种精确度本来不高的武器在日军手中几乎指哪打哪。英军第2皇家坦克团B中队的1辆"斯图亚特"轻型坦克仅仅在开阔地停留了1分钟，就被日军掷弹筒连续命中6次。更不可思议的是，英军第2皇家坦克团甚至宣称日军掷弹筒发射的榴弹能够炸穿M3/"斯图亚特"轻型坦克的顶装甲。日军八九式50毫米掷弹筒发射的榴弹自然没有那么大的威力，也不曾装备过动能弹或空心装药聚能破甲弹。因此唯一的解释就是英军坦克车长没有关闭炮塔舱盖，日军掷弹筒发射的榴弹恰好从舱口打进了英军坦克内部。

在1942年的缅甸战场上，甚至发生了一场传奇般的反坦克战。英军坦克兵惊讶地看到了只有中世纪才有的战场场面——日军1名军官骑着白马，高举武士刀冲向"斯图亚特"坦克。他跳上坦

克后，想要用刀砍杀英军坦克车长。情急之下，英军坦克车长抽出了用来修理坦克的铁锤，将日军军官砸了下去。日军军官从坦克上跌落下去，坦克履带正好碾断了他的双腿。英军坦克兵看到的最后一幅画面，就是这个奄奄一息的日军军官躺在地上，徒劳地用手枪向越开越远的英军坦克开火……

德军闪击波兰时，所谓波兰骑兵向德军坦克发起冲锋的故事，只不过是意大利记者想当然的误报和后来波兰电影的夸张式描绘。波兰骑兵并没有向德军坦克发起冲锋的意图，只不过冲锋时遭到了德军装甲兵的反击而已。然而，在这场战斗中，日军军官的确是骑马冲向坦克的。只不过，蛮勇既不能打败坦克，也不能保命。

日军赢得了太平洋战争初期的胜利，菲律宾、马来亚、缅甸，悉数被日军收入囊中。美军和英军丢弃的M3/"斯图亚特"轻型坦克很快就成为

■ 1942年在缅甸的战斗中，日军麦田少佐使用燃烧瓶向英军M3/"斯图亚特"轻型坦克发起进攻。当然，这显然是后来的"摆拍"。这张照片还被制作作为明信片，以宣扬之"勇武"。

这幅日本战时的宣传画，展示的是1942年缅甸之战中，日军为确保仁安羌的油田不被英军在撤退时破坏而与之进行的战斗场面，为对抗英军坦克，日军用燃烧瓶逼近距离反坦克战。

了战利品中的抢手货，日军争先恐后地将其装备到战车部队中。

1941年，在北非战场上，装备M3/"斯图亚特"轻型坦克的英军曾与"沙漠之狐"隆美尔麾下的德国非洲军交战。英军认为，M3/"斯图亚特"轻型坦克是过时的，因为其无法与德军坦克抗衡。然而，作为战斗全重不超过15吨的轻型坦克，其本来就不适于进行坦克战。与其说坦克"过时"，不如说英军战术不当。M3/"斯图亚特"轻型坦克比德军2号轻型坦克、35t轻型坦克和38t轻型坦克更优秀，其37毫米坦克炮可以在1463米的距离上击穿德军3号G中型坦克炮塔正面装甲。

这种被英军认为无法对抗德军坦克的美制坦克，到太平洋战场就成了日军的"老大难"问题。1941-1942年初，东线战场上的德军出现了"T-34

■ 上图是1942年4月，菲律宾，日军战车第7联队第3中队已装备了缴获的4辆"斯图亚特"轻型坦克（最前面4辆），可以看到炮塔上已喷上该联队的队徽"梅花"，其他都是新型的九七改式中型坦克。

■ 下图这辆涂着日本军旗的M3轻型坦克，是1945年2月21日美军第1骑兵团的士兵在马尼拉酒店门前发现的，撤走的日军坦克兵将火炮和机枪卸下后将这辆坦克遗弃在此。这是1942年美军兵败菲律宾时日军获得的战利品。

▓ 上图是1942年5月6日，日军战车第7联队的3辆坦克在松冈少佐的直接指挥下登陆控制吕宋岛马尼拉湾出口的克里矶多岛（Corregidor）的场景。这3辆坦克中，最左边一辆便是缴获的美军 M3 轻型坦克，其他两辆是更换了新炮塔的九七改式中型坦克。

▓ 下图是在缅甸，日军驾驶着驻缅英军的一辆 M3/"斯图亚特"坦克，这同样是被日军缴获后用于装备自己。

■ 上图是新加坡陷落后，日军所展示的大量缴获自英军的装甲战斗车辆，这些包括坦克、"布伦"机枪载车、玛蒙 · 赫林顿装甲车等装备。

■ 下图这幅彩绘是1942年日军在菲律宾缴获的美军 M3 轻型坦克后将其装备战车第7联队的涂装。这些坦克后来还被日军应用于瓜岛。

危机"。同时期的太平洋战场,日军却遭遇了"斯图亚特危机"。无论是菲律宾的美军还是缅甸的英军,装备的M3／"斯图亚特"轻型坦克规模都不如诺门坎战役中的苏军坦克,而且使用时还极为分散。但是,这些零散的"斯图亚特"却让日军损失惨重,日军反坦克炮无法像击穿苏军的БT系列快速坦克和T-26轻型坦克那样将其击穿。日本战车之父原乙未生中将曾亲自撰写文章介绍和分析M3／"斯图亚特"坦克。文章指出,日军九五式轻型坦克装备的37毫米坦克炮、八九式中型坦克装备的57毫米坦克炮和牵引式的九四式37毫米反坦克炮根本无法击穿该型坦克的正面装甲。

在缅甸,日军战车第1联队以九七式中型坦克对M3／"斯图亚特"坦克进行射击试验。日军发现:九七式坦克的57毫米坦克炮发射穿甲弹,即使在300米距离上也只能打掉"斯图亚特"坦克正面装甲的油漆;300米距离上可以击穿其侧后装甲,但穿甲弹弹体也发生碎裂;发射榴弹,3辆九七式坦克集中火力轰击其炮塔侧面,终于只在装甲上撕开了约30厘米见方的口子,但这并不是因为炮弹击穿了装甲,只是单纯的爆炸震裂了装甲而已。

在菲律宾的马尼拉附近,日军独立速射炮第8中队使用九四式37毫米反坦克炮和九七式37毫米反坦克炮对"斯图亚特"坦克进行射击试验。日军发现,无论在任何距离上,它们发射的穿甲弹都无法击穿其炮塔防盾。

不得已,日军请出了刚刚研制完毕的九七改式中型坦克。这种坦克装备由一式47毫米反坦克炮改装而来的一式47毫米坦克炮。在1000米距离上,九七改式中型坦克发射的一式穿甲榴弹命

中6发,其中3发击穿了"斯图亚特"坦克的车体正面装甲;在800米距离上,九七改式中型坦克发射的一式穿甲榴弹命中9发,其中6发击穿了其车体正面装甲,而且击穿的都是其正面装甲角度接近垂直的部位,命中倾角较大部位的炮弹仍然弹飞了。

看来,除了动用九七改式中型坦克和一式47毫米反坦克炮之外,日军对"斯图亚特"别无他法。

1942年8月7日-1943年2月9日,在瓜达尔卡纳尔岛战役中,日军与美军M3轻型坦克继续

■ 上图是射击试验过后,日军试验人员与M3轻型坦克靶车的合影。

■ 下图是日军使用缴获的美军M3轻型坦克进行的射击试验,可以清晰地看到日军在一式47毫米穿甲榴弹弹孔旁边标示的射击距离,以及倾斜装甲上弹飞的穿甲弹留下的弹痕。

厮杀。

瓜达尔卡纳尔岛上的日军也严重缺乏反坦克武器，但茂密的丛林和无所不在的烂泥都为日军反坦克步兵提供了使用炸药包、杆雷和九九式磁性反坦克雷对美军坦克进行近距离攻击的机会，甚至可能爬上美军坦克进行"跳梁"攻击。美军的对应战术就是两辆坦克为一组进行相互掩护，前方的坦克使用火炮和机枪对远距离的日军开火，后方的坦克则利用机枪扫射敢于爬上前方坦克的日军步兵。美军坦克甚至会对日军进行碾压，日军士兵的鲜血和碎肉经常布满坦克装甲。美国海军陆战队第1师的师长，亚历山大·阿切尔·范德格里夫特将军（Alexander Archer Vandegrift）表示，这些美军坦克"看起来就像绞肉机"。

■ 瓜达尔卡纳尔岛战役中，用植被隐藏起来的美军M3轻型坦克。

通常，只要美军的M3轻型坦克出现，在坚固的日军防线都会随之崩溃。1943年1月，面对日军步兵第228联队的步兵第2大队驻守的岐阜高地，美国陆军第25步兵师久攻不下，美国海军陆战队不得不派出3辆M3轻型坦克前往支援。瓜达

■ 1942年11月4日在瓜达尔卡纳尔岛，美国海军陆战队第1坦克营的两名坦克兵正在一辆M3A1轻型坦克前方警戒。

■ 美军在瓜岛缴获的日军九四式37毫米反坦克炮，这款反坦克炮在瓜岛之战中建树有限。

尔卡纳尔岛上的沼泽地"配合"日军进行了"反坦克战"，2辆M3轻型坦克陷入泥沼。仅有的1辆到达战场后，接连摧毁了日军8个地堡，1天时间内就瓦解了该大队的整个防御体系。

1942年9月8日，美军第1伞兵营和第1突击营向日军野战炮兵第2联队第2大队的第1中队驻地塔辛姆博科村（Tasimboko）发起突击。美军运走了缴获的4门三八改式75毫米野战炮和1门九七式37毫米反坦克炮。当时，美军在塔辛姆博科村发现了2门九七式37毫米反坦克炮。美军运走了1门，另1门被扔到了海里。这2门九七式37毫米反坦克炮隶属于日军独立速射炮第8中队。该中队下辖的4个速射炮小队中，速射炮第1小队没来，因此只有6门九七式37毫米反坦克炮抵达瓜达尔卡纳尔岛。美军在塔辛姆博科村缴获了2门之后，独立速射炮第8中队就只有4门九七式37毫米反坦克炮了。

然而，这仅剩的4门九七式37毫米反坦克炮也没有发挥任何作用。九七式37毫米反坦克炮无法像九四式37毫米反坦克炮那样拆成零件进行搬

运，而在炎热潮湿、植被茂密、泥泞崎岖的瓜达尔卡纳尔岛上推着九七式37毫米反坦克炮行军又是不可能实现的事。1942年9月14日，独立速射炮第8中队的中队长中冈大尉命令，将反坦克炮埋在地下，只携带弹药前进。问题是，反坦克炮都没有了，要炮弹有什么用呢？手握炮弹向美军坦克扔过去么？于是，速射炮小第2队的小队长贞治源次郎少尉就命令自己的士兵把炮弹也埋了。日军独立速射炮第8中队在瓜达尔卡纳尔岛上一炮未发，就这样成了无用的部队。

在塔辛姆博科村，美军缴获的日军火炮型号，各方资料记述不一。有文献称，美军缴获的是"4门一式47毫米反坦克炮和1门37毫米反坦克炮"。亦有资料将美军运走的那门九七式37毫米反坦克炮当成了一式47毫米反坦克炮。1943年2月25日，美国陆军部（War Department）出版的第19期《战术与技术趋势》（Tactical and Technical Trends）上刊载了一份美国海军陆战队坦克营的报告，声称美军坦克首次遭遇日军一式47毫米反坦克炮的伏击。美军将这次战斗视为

坦克与步兵脱节致使坦克遭到日军反坦克炮伏击的教训。然而，在这次战斗中真正伏击了美军坦克的并不是一式47毫米反坦克炮，而是九四式37毫米反坦克炮。

1942年9月13日，在菲南中尉（Finan）的指挥下，陆战队第1坦克营B连第2排的5辆M3轻型坦克与1辆连部排的M3轻型坦克，共6辆坦克对伦格河（Lunga）地区的陆战队第1师第1团第3营进行支援。6辆坦克中，指挥坦克、1号、4号、5号坦克在纵队前方清剿日军机枪，但他们开进丛林之后并没有发现目标。

5号坦克的驾驶员回忆，当他们的坦克开到丛林边缘时，有日军士兵向他们的坦克履带下面扔手榴弹。日军的手榴弹并不能对坦克造成什么伤害，爆炸只会让坦克震一下。坦克刚停下来，从坦克右侧射来的炮弹击穿了炮塔，打中炮塔另一面的装甲内壁后炮弹发生爆炸。驾驶员认为，日军反坦克炮距离他们只有大约100码。炮弹中的填充药洒在坦克里并开始燃烧，冒出黄色的火焰和淡蓝色的烟雾，烟雾非常刺鼻并使美军坦克

兵感到异常干渴。第2发炮弹马上射了过来，击穿了美军坦克炮塔后引燃了弹药箱。美军坦克兵们知道任何试图扑灭火焰的努力都是没有意义的，他们迅速地从坦克中逃出来。日军步兵也很快摸到坦克附近。驾驶员回忆，他看见那辆坦克剧烈的燃烧，但是不知道是坦克本身的燃烧，还是因为日军向坦克上倒了汽油。

指挥坦克在开进丛林大约12米后，也被日军反坦克炮命中右侧车轮而损毁。当5号坦克被日军反坦克炮命中炮塔时，1号坦克一直在其后方环绕警戒，结果也被日军反坦克炮命中，菲南中尉和无线电兵阵亡。但是，1号坦克的大火没费多大劲就被扑灭了，坦克也被回收。

4号坦克损失原因则颇为"神奇"。日军一名步兵对着美军的4号坦克挥舞着手臂，又跳又喊，被激怒的美军坦克兵开着坦克冲了上去。他并不知道那是个陷阱——在浓密的植物背后，是高达6米的河岸。4号坦克一头栽了下去，整个坦克肚皮朝天摔在河里，坦克中的4名乘员全部阵亡。这6辆美军坦克中，只有2辆坦克幸运地没有损失，

■ 1942年瓜岛战役时，美国海军陆战队第1坦克营所装备的一辆M3轻型坦克的涂装。

其中1辆是因为履带断裂而没能前进才堪堪幸免于难的。

美军发现，日军穿甲弹在1号坦克上造成的弹孔明显要比美军M3型37毫米反坦克炮的穿甲弹所能造成的弹孔要大。据此，美军判断：日军使用的是一式47毫米反坦克炮，而且有5门一式47毫米反坦克炮参与了伏击，炮弹中的填充药应该是苦味酸的某种衍生物。

实际上，在这场战斗中伏击美军坦克的是日军步兵第28联队属速射炮中队的4门九四式37毫米反坦克炮。步兵第28联队属速射炮中队配属给"熊"大队，由大久保好文中尉指挥。日军的射击距离是500米，而不是美军5号坦克驾驶员估计的100码（91.4米）。

日军的文献中也记述了这次反坦克战，日军"熊"大队木造少尉所著《步兵第28联队史》中这样描绘了此战：

"我们搬着4门速射炮的零件，于暗夜中在悬崖下面的长草平原处等待战机。大久保中尉命令我爬上悬崖进行侦察。在平原上，美军的交叉火力将我军1个步兵中队的步兵打伤，士兵们一个接着一个地撤了回来。我想这个步兵中队已经被消灭了，而且我听说美津侬少佐已经阵亡。一直到天亮，激烈的枪炮才停下来。我们十万火急地将4门速射炮扛到平地处占领阵地。没过多久，14辆美军坦克映入眼帘，它们从丛林中开出来，驶向我们。一会儿，它们转了个U字形的弯，消失在丛林里。然而，他们再次出现并向我们冲了过来。作为经验丰富的炮手，大久保中尉仔细斟酌着疾驰而来的美军坦克和我们之间的距离。他数着'1500'、'1000'，然后在500米距离上下令'开火！'所有的反坦克炮都开火了，一辆接着一辆地射向美军坦克。很多美军坦克都丧失了战斗力并燃起熊熊大火。美军坦克的坦克炮和机枪开始还击。坦克前方的观察孔缝很小，所以我们可

以在他们发现我们之前开火，哪怕抵近到很近的距离。美军1辆坦克冒出滚滚的黑烟，1辆坦克燃起大火，1辆坦克内部发生了殉爆。还有1辆坦克盲目地冲向我们，结果一头栽到了悬崖下，腾起了大火。我们击毁了14辆美军坦克中的10辆，只有4辆美军坦克撤了回去。美军雨点般的迫击炮炮弹接踵而至，炸毁了我们的1门反坦克炮。"

总体来看，日军木造少尉的记述与美军的作战报告基本一致，尤其是那4辆坦克的损失情况。不过，木造少尉还是"遵循传统"地夸大了美军坦克的数量和日军的战绩。美军只投入了6辆坦克，日军只击毁了其中的4辆。实际上，日军步兵第28联队属速射炮中队本可以取得更好的战绩。他们登上瓜达尔卡纳尔岛时，装备有2门一式47毫米反坦克炮和4门九四式37毫米反坦克炮。然而，一式47毫米反坦克炮太重，无法在茂密的丛林中搬运，日军反坦克炮兵就只好将它们埋了起来。首次出现在战场上的一式47毫米反坦克炮就这样成了无用的废铁。

1943年6月20日至8月25日，在新乔治亚岛战役中，美军的M3轻型坦克首次遭遇日军一式47毫米反坦克炮。新乔治亚岛位于所罗门群

■ 1942年11月，日军遗弃在瓜达尔卡纳尔岛上的九四式37毫米反坦克炮。

■ 美军在新乔治亚岛上缴获的日军一式47毫米反坦克炮。

岛，守军为佐佐木登少将指挥的日军第17军所属部队10500多人，包括步兵第229联队、独立山炮第10联队、2独立速射炮第大队，第15航空守备队，2个高射机枪中队，2个联队规模的设营队和海岸炮兵。第229联队装备九七式37毫米反坦克炮，独立速射炮第2大队装备一式47毫米反坦克炮。与之对阵的是美国海军陆战队第9守备营、第10守备营和第11守备营的坦克排，装备M3A1轻型坦克。

1943年7月24日，陆战队第9守备营坦克排的5辆M3A1轻型坦克支援第43步兵师第172步兵团，向日军阵地发起进攻。出乎美军意料的是，日军遗弃了2门一式47毫米反坦克炮之后逃之夭夭，这2门一式47毫米反坦克炮就成了美军的战利品。

7月26日，美国海军陆战队第10守备营坦

■ 1943年8月6日在新乔治亚岛的比比洛山（Bibilo）地区行动的美国海军陆战队第9守备营坦克排的3辆M3A1轻型坦克。

■ 上图是1943年7月末在新乔治亚岛上，美国海军陆战队坦克兵正在检查在战斗中被日军反坦克步兵炸坏的M3A1轻型坦克。

克排支援美军第25步兵师第161步兵团向巴特利（Bartley）岭发起进攻，但随即陷入了日军的埋伏。美军进入伏击圈后，遭到侧翼日军的猛烈射击。当美军步兵被逐退后，日军步兵在领头的美军坦克上放置了1颗九九式磁性反坦克雷，爆炸重创了这辆坦克并炸伤了2名坦克兵。

7月27日，陆战队第9守备营坦克排支援第43步兵师第103步兵团向日军发起进攻。在茂密的丛林中，日军一式47毫米反坦克炮伏击了美军坦克。美军坦克纵队领头坦克的装甲被击穿，受伤的驾驶员控制不住坦克而撞上了后面的第2辆坦克，随即第3辆坦克也被日军一式47毫米反坦克炮打残。跟在后面的2辆坦克开上来，试图掩护这3辆伤残的同伴，却被等候已久的日军反坦克步兵小组逮了个正着。1辆坦克被日军吸附了7颗九九式磁性反坦克雷而被炸毁，另1辆坦克被日军的1枚三式反坦克手榴弹炸毁。这场战斗最后以日军遗弃了1门一式47毫米反坦克炮而告终，但第9守备营坦克排也有5辆坦克损失。其中，有3辆坦克还能开动，但已经不适于参加战斗了。

■ 上图是1944年8月在新乔治亚岛上的日军九四式37毫米反坦克炮残骸与日军反坦克炮兵尸休。

■ 右图是1943年8月4日–5日在新乔治亚岛，日军步兵将1颗九九式磁性反坦克雷吸附在坦克装甲上，但其没有爆炸。此时美国海军陆战队的罗伯特·布莱克上尉（Robert Blake）正在检查这颗失灵的九九式磁性反坦克雷。

苦战"谢尔曼"

在第二次世界大战中，美国采取了"先欧后亚"、"先德后日"的战略，新型武器的装备往往以地中海－欧洲战区为先。加之日军坦克的威胁不大，因此 M4 中型坦克（英军将其称为"谢尔曼"坦克，美军自己从来没有这个称呼）直到 1943 年年末才出现在太平洋战场。常规型号的 M4 中型坦克战斗全重 31 吨，在第二次世界大战中只能算是中规中矩，与苏军 T-34 中型坦克处于同等级。然而，这种坦克给太平洋战场掀起的波澜几乎将日军推到了绝望的边缘。日军认为，在太平洋战场上，盟军不会投入比 M3 轻型坦克更大更重的坦克。日军的逻辑是，如果日军没有这种装备，那么敌军就不会有这种装备。因此，日军对 M4 中型坦克的出现毫无心理和物质准备。

1943 年 11 月 20 日－23 日，在吉尔伯特群岛战役的塔拉瓦环礁贝蒂欧岛之战中，日军首次遭遇美军的 M4。在此战中，美军投入的是陆战队第 1 两栖军中型坦克营 C 连的 14 辆 M4A2 中型坦克，以及陆战队第 2 师第 2 坦克营 B 连和 C 连的 36 辆 M3A1 轻型坦克。中型坦克营 C 连作为第 2 坦克营的 A 连接受指挥。陆战队第 2 师第 2 团和第 8 团的武器连各装备 2 辆装有 M1897A5 型 75 毫米炮的 M3 型半履带式自行火炮。此外，还有第 1 两栖装甲车营的 75 辆 LVT-1 型两栖装甲车和海军提供的 50 辆 LVT-2 型两栖装甲车。

驻守塔拉瓦环礁的日军是由柴崎惠次海军少将指挥的吉尔伯特群岛守备队司令部所属部队。包括由菅井武雄指挥的佐世保第 7 特别海军陆战队，下辖 1497 人；由横须贺第 6 特别海军陆战队改编而来的第 3 根据地队，下辖 1122 人；第 111 设营队，下辖 1247 人；第 4 舰队派遣设营队，下辖 970 人；还有 1200 人的朝鲜劳工。塔拉瓦环礁上日军装备的武器如下：4 门英制维克斯型 203 毫米岸防炮、4 门三式 140 毫米岸防炮、6 门三式 76.2 毫米岸防炮、6 座双联八九式 127 毫米岸防炮、8 门八八式 75 毫米高射炮、2 座双联九六式 25 毫米高射机关炮、6 门四一式 75 毫米山炮、10

■ 美军登陆塔瓦拉岛。此役是美国海军陆战队的 M4 首次上阵，却损失惨重。

门九二式70毫米步兵炮、6门九四式37毫米反坦克炮、14辆九五式轻型坦克、13辆九四式超轻型坦克、6座双联九三式13.2毫米高射机枪、19挺九三式13.2毫米高射机枪、13挺九二式7.7毫米重机枪、71挺九九式7.7毫米轻机枪、45挺九六式6.5毫米轻机枪、3936支九九式7.7毫米步枪、56支三八式6.5毫米步枪、2具九三式火焰喷射器、22具一〇〇式火焰喷射器、66支八九式50毫米掷弹筒和100个一〇〇式步枪用枪榴弹发射器。岛上修筑有战壕、反坦克壕、铁丝网障碍、反坦克障碍、圆木障碍，以及500多个掩体和碉堡。根据美军的记录，塔拉瓦岛上的日军大量使用了九九式磁性反坦克雷，但日军的记录却表示塔拉瓦岛上的日军没有装备这种武器，而是大量了装备了九三式反坦克地雷，并将不少九六式水雷埋设在沙滩上作为反坦克地雷使用。

M4坦克在太平洋战场的首次出场似乎不如在北非战场那样风光。1943年11月20日，美军登陆塔拉瓦岛当天，参战的全部14辆M4A2坦克，只有呼号分别为"中国少女"（China Gal）和"科罗拉多"（Colorado）的2辆坦克免于损失。日军步兵用燃烧瓶攻击了"科罗拉多"号坦克并将其引燃，急中生智的驾驶员将坦克开到了海水中才避免了坦克的损失。其他的12辆M4A2则由于千奇百怪的原因而损失掉了——毁于日军大口径火炮的轰击，毁于日军步兵的反坦克地雷，毁于美军俯冲轰炸机的误炸，毁于美军迫击炮的误击，掉进日军存放汽油的洞穴而烧毁，由于机械故障而遭遗弃…… 当然，更多的坦克陷入了弹坑和浅滩的泥沙之中而动弹不得。美军在塔拉瓦岛上损失了不少M4，但并不都是日军反坦克攻击的战果，太平洋战场复杂的自然环境就替日军完成了部分"反坦克作战任务"。

较为存在争议的是中型坦克营C连"查理"

■ 美军"科罗拉多"号坦克被日军步兵投掷的燃烧瓶击中，驾驶员将坦克开到了海水中，避免坦克被烧毁。

■ 上图是塔瓦拉岛之战后幸存的"中国少女"号和"科罗拉多"号 M4 坦克。后者虽然在战斗中遭遇了日军的燃烧瓶攻击，但仍在战斗中提供了宝贵的火力支援。

■ 下图是美军"眼镜蛇"号（Cobra）M4 坦克陷入塔拉瓦岛的浅滩而无法机动。

■ 上图是塔拉瓦岛上，被美军俯冲轰炸机误炸而损失的"秃鹰"号（Condor）M4坦克。美国海军航空兵并没有接到塔拉瓦岛上有美军坦克参战的通知，因此美军飞行员将其当成了日军坦克并采取了攻击。

■ 下图是美军"突击队员"号（Commando）M4坦克炮塔和车体侧面装甲遭到日军九六式25毫米高射机关炮射击而留下的弹痕。

■ 上图及下图是美军"炮弹"号（Cannonball）M4坦克被损毁的不同视角，根据美军资料的记述，它跌入了日军存放汽油的洞穴，被燃起的熊熊大火烧毁。上图可以看到它的车体右侧装甲被炸开了个大口子，很可能是被击中后才跌入存放汽油的洞穴，随后被大火烧毁。

■ 上图是美军"查理"号 M4 坦克的残骸，根据美国海军陆战队的记述，其损失于日军一式 47 毫米反坦克炮的射击，但塔拉瓦岛的日军并没有装备一式 47 毫米反坦克炮。在"查理"号坦克的车体侧面装甲上，有两处榴弹的爆炸留下的弹痕。

（Charlie）号坦克的损失原因。美国海军陆战队的多份文献都认为，"查理"号坦克是被日军一式 47 毫米反坦克炮击毁的，甚至有资料详细地描述了这 2 门一式 47 毫米反坦克炮的状态——"处于地堡中并成犄角之势"。然而，塔拉瓦岛上的日军并没有装备一式 47 毫米反坦克炮。从照片上看，"查理"号坦克车体侧面装甲上有两处榴弹爆炸留下的弹痕，因此其可能是被日军大口径岸防炮击毁的。

当天，日军岸防炮击沉了 4 艘用于运送 M3A1 轻型坦克的登陆艇。11 月 21 日，完成登陆的 2 辆 M3 轻型坦克被日军步兵用九九式磁性反坦克雷炸毁了 1 辆。当日军火炮全部被美军摧毁之后，日军就再也没有任何能威胁到美军坦克的重型武器了。接下来的一幕在太平洋战争的岛屿争夺战中反复上演——疯狂的日军步兵发起绝望的冲锋，然后成片成片地倒在 M3 轻型坦克的炮口之下。

在新不列颠岛（New Britain）的格洛斯特海

■ 上图是塔拉瓦岛滩头，卡在圆木障碍上的美军 LVT—1 型两栖装甲车。

■ 下图是陆战队第 2 坦克营 C 连的一辆名为"哥伦布"（Columbus）的 M3 轻型坦克。

■ 上图是塔瓦拉岛之战后，美军缴获的日军双联八九式127毫米岸防炮，这种武器也让陆战队的M4坦克吃了不少亏。

■ 下图是在塔瓦拉岛之战中阵亡的部分日军尸体，战后美军将这些尸体埋到一个大土坑里。在太平洋诸岛屿的战事中，日军在山穷水尽后往往会选择自杀性的冲锋，但几乎达不到任何效果。

角（Cape Gloucester），美国海军陆战队第1师第1坦克营接收了24辆M4A1中型坦克。与之对阵的是松田岩夫少将指挥的日军，包括：步兵第17师团下辖的第65旅团53联队和141联队，第51师团第51搜索联队，1个加强炮兵联队，装备12门八八式75毫米高射炮的野战高射炮第39大队，1个速射炮中队，2个机关炮中队，以及辎重部队和勤务部队。

格洛斯特海角以其典型的太平洋热带岛屿气候和自然环境著称——无休止的倾盆大雨，能陷住坦克的泥泞，层层叠叠宛如绿色的屏障般的热带植物，令人难以忍受的湿热，老鼠、毒虫和各种传染病。这些都为日军的反坦克作战提供了有利条件。

为了对抗日军的反坦克战，美军坦克和步兵组成了坦步协同小组，每个步兵班支援1辆坦克。坦克负责用火炮击毁日军碉堡，步兵负责保护坦克的侧后。

1943年12月28日中午11时，在陆战队第1坦克营的支援下，第1陆战师第1陆战团第3营向日军发起进攻。第一梯队为第1坦克营A连的3辆M4A1中型坦克，每辆坦克伴随1个步兵班。在坦步协同小组后方有2个步兵连跟进，随时巩固由坦步协同小组夺取的区域。

战斗打响1个小时之后，美军领头坦克都遭到了日军反坦克步兵的自杀式进攻。日军反坦克步兵以3人为1个小组，携带炸药包、坐垫雷和背包式反坦克地雷扑了上来。他们要么向美军坦克投掷炸药包或坐垫雷，要么背负炸药包或背包式反坦克地雷与美军坦克同归于尽。有1辆美军坦克开出了步兵保护范围4～6米的距离，就被日军的反坦克步兵逮到了机会。爆炸的巨响过后，这辆坦克的车体侧面装甲被炸毁并烧成黑色。坦克彻底损毁了，但坦克兵只受到了轻伤。

日军反坦克步兵对美军坦克发起的自杀式进

攻，大部分都以失败告终。有的日军反坦克步兵突然从树林中蹿出，然后靠在坦克车体的侧面装甲上引爆了背负的背包式反坦克地雷。但是，除了剧烈的爆炸给美军坦克兵造成了巨大的震荡之外，坦克并没有受到什么伤害。

战斗中，日军也曾使用四一式75毫米山炮轰击美军坦克。日军炮兵早已做好了伏击的准备，站在山炮旁边，手握火炮的击发拉绳。M4坦克刚转弯，日军山炮就开火了，炮弹直接命中。然而，四一式75毫米山炮发射的榴弹只在坦克的装甲上打出了3毫米深的小坑。美军坦克怒吼着开上去，车载机枪猛烈地喷吐着火舌，打死了一堆日军士兵，履带则将日军山炮碾得粉碎。

1944年1月31日－2月3日，在夸贾林环礁

■ 上图是1943年12月15日在格洛斯特海角，陆战队第1师第1坦克营的M4A1中型坦克开过滩头。

■ 格洛斯特海角的环境很大程度上制约了美军坦克的战斗力，泥泞的地面，日军地雷，以及突然冲出来引爆身上炸药的日军"肉弹"，对M4坦克来说都是不小的威胁。下图便是一辆在新不列颠岛作战时因地形受损的M4坦克。

（Kwajalein）之战中，美军投入了新型的M5A1轻型坦克。

夸贾林环礁的那瑞欧——那慕尔岛（Roi-Namur）上驻扎的基本都是日本海军航空兵的人员，只接受过很少的地面战斗训练，也没有装备更适合陆战的武器。但是，日本独特的文化仍然驱使他们进行疯狂的战斗。

当时，美军M5A1坦克纵队的领头坦克是詹姆斯·德尼格上尉（James Denig）的座车"猎人"号（Hunter），德尼格是陆战队罗伯特·德尼格准将（Robert Denig）的儿子。由于美军的舰炮火力准备炸倒了很多树木，"猎人"号坦克受阻。6名日军士兵从灌木丛中跳出来，冲到"猎人"号坦克旁边并爬上了坦克，准备进行"跳梁"攻击。第4陆战师第24陆战团第1营A连的一等兵霍华德·史密斯（Howard Smith）端起M1918"勃朗宁"型自动步枪接连打出了两个弹匣的40发子弹，击毙了4名正在攀爬坦克的日军士兵。史密斯身边的战友也击毙了1名日军士兵。然而，剩

下的这名日军士兵成功地用手榴弹摧毁了"猎人"号坦克。在美军坦克还需要使用旗语通讯的时代，坦克炮塔上会有个带盖的小孔，可以将信号旗从车内伸出车外。尽管M5A1坦克已经装备了无线电机，但炮塔上仍然保留了信号旗孔。日军士兵就是从信号旗孔将手榴弹扔进了坦克内部。

1944年6月11日，在马里亚纳群岛战役中，

■ 上图是1944年2月1日，在夸贾林环礁之战中，与陆战队员一起推进并为其提供火力支援的陆战队第4坦克营A连的"急性子"号（Hothead）M5A1坦克。

■ 下图这幅彩绘是1944年夸贾林环礁之战中被日军摧毁的"猎人"号M5A1坦克。

HUNTER

■ 上图和下图都是在夸贾林环礁的那慕尔岛上被日军士兵在"跳梁"攻击中用手榴弹摧毁的美军"猎人"号M5A1轻型坦克。注意下图，坦克车下，还有被击毙的日军反坦克手。

美军登陆塞班岛。

日本陆军和海军在塞班岛都有驻军，分别为：步兵第43师团，第47独立混成旅团，战车第9联队，独立工兵第7联队，独立山炮第3联队，独立高射炮第25联队第1大队；海军中太平洋司令部，第5特别根据地队，第55警备队，横须贺第1特别海军陆战队。

第43师团的每个步兵联队都下辖1个装备6门九四式37毫米反坦克炮的速射炮中队，并加强有一式47毫米反坦克炮；第47独立混成旅团炮兵队装备8门三八式75毫米野战炮，14门九一式105毫米榴弹炮；独立山炮第3联队装备12门四一式75毫米山炮，12门四式140毫米榴弹炮；步兵第135联队炮兵大队装备9门三八式75毫米野战炮，3门四一式75毫米山炮；步兵第136联队装备9门三八式75毫米野战炮，3门四一式75毫米山炮；独立高射炮第25联队第1大队装备8门八八式75毫米高射炮；岛上还有2个独立臼炮大队，但其装备的九八式320毫米臼炮大部分都已经损失了，而且兵员不满编。日本海军装备4门200毫米岸防炮，14门150毫米岸防炮，3门140毫米岸

■ 1944年塞班岛之战中，行进在岛上的美军M4坦克，打头这辆名为"珍妮·李"（Jenny Lee）的M4A2来自陆战队第4坦克营。可以看到其一侧车身上加装了木板以防护日军的磁性反坦克雷，可见这类反坦克武器对M4实实在在的威胁。

防炮，4门120毫米岸防炮，4门76毫米岸防炮。

美军投入的装甲兵兵力为：第2陆战师第2坦克营、第4陆战师第4坦克营、第708两栖坦克营，陆军第762坦克营的2个坦克连和第766坦克营的1个坦克连。其装备的坦克包括M4中型坦克、M5A1轻型坦克和装备加拿大"龙森"（Ronson）型火焰喷射器的M3A1"撒旦"喷火坦克。两栖坦克营装备LVT（A）-1型和LVT（A）-4型两栖坦克，LVT（A）-2型和LVT-4型两栖装甲车。

塞班岛之战以日军发动了太平洋战争中规模最大的战车突击而著名，但对于美军坦克来说，日军坦克的威胁并不大。日军九五式轻型坦克，九七式中型坦克和九七改式中型坦克发动的决死突击，被美军强大的海陆空联合火力撕得粉碎。真正的麻烦来自于日军反坦克炮兵、高射炮兵和反坦克步兵。

在塞班岛南部，在距离海滩1828.8米的地方，

　■ 上图被日军在塞班岛上用航空炸弹改装成的反坦克地雷炸毁的一辆美军 M5A1 轻型坦克。

　■ 左图是在登陆塞班岛时在"2号白滩"被日军布置在海滩的地雷炸毁的美军 LVT–2 水陆两栖装甲车。

　■ 下图是1944年6月16日在塞班岛上被日军步兵在反攻中用"十人换一车"的自杀式反坦克进攻战术炸毁的美军 M4A2 中型坦克。坦克残骸周围散落着日军步兵的尸体。

有一道与海滩平行的山岭。山岭的入口处开口很大，但越往里走越窄，密布着甘蔗田，没有任何掩护物。1944年6月16日，在陆战队第4坦克营的支援下，第4陆战师第25陆战团第2营向此山岭上的日军发起进攻。山岭上隐蔽着日军独立高射炮第25联队1个高射炮中队的4门八八式75毫米高射炮。与北非战场的德军布设88毫米高射炮的方法一样，日军也将外形轮廓巨大的八八式75毫米高射炮放置在炮坑中，只露出高射炮的上半部分。

美军坦克和步兵在狭窄的山路上与日军步兵展开殊死搏斗。美军坦克刚在山路上转过一个弯，山岭上的日军高射炮就开火了。第4坦克营A连的1辆M4A2中型坦克被击中，丧失了机动能力并燃起大火。C连也遭到了日军高射炮

的射击，有1辆坦克被打瘫。日军的4门八八式75毫米高射炮只装备了榴弹，没有装备穿甲弹。因此，美军的1辆M4坦克接连挨了5~6发炮弹，但仍然与其他坦克一起安然无恙地返回了美军阵地。

■ 霍德华 · 麦卡德（1918-1944）纽约人，1939年服役，在塞班岛之战中，他英勇无畏地掩护战友撤离而牺牲，获授荣誉勋章。

日军八八式高射炮打瘫的那辆M4坦克是枪炮军士罗伯特 · 霍华德 · 麦卡德（Robert Howard McCard）的座车。当日军高射炮火力切断了他与后续美军坦克的联系之后，他毅然决然

■ 1944年7月8日在塞班岛北部，美国海军陆战队第4坦克营C连的"金刚"号（King Kong）M4A2中型坦克正在掩护步兵作战。

地命令坦克兵以坦克炮和车载机枪向日军开火。但是，由于坦克被连续命中，他不得不命令其他乘员撤退。随后，他独自一人投掷烟雾手榴弹和杀伤破片手榴弹，阻挡蜂拥而来的日军步兵。当手榴弹耗尽之后，他卸下了坦克上的7.62毫米并列机枪，从炮塔探出身体进行扫射。他接连击毙了16名日军步兵，成功掩护了战友的撤退，终因寡不敌众而壮烈牺牲。后来，美国国会授予其荣誉勋章。

1944年7月24日－8月1日，美军向提尼安岛（Tinian）发起进攻。

■ 右上图是塞班岛之战中，美军第708两栖坦克营的LVT（A）-1型两栖坦克加装了25.4毫米厚的裙板装甲，但仍然无法抵御日军大口径火炮的轰击。

■ 右图是战斗结束后，塞班岛上的日军九八式20毫米高射机关炮阵地。

■ 下图是美国海军陆战队在塞班岛缴获的日军九六式25毫米高射机关炮。

在提尼安岛上，日本陆军共有5052人；第29师团第50联队，包括3个步兵大队、1个炮兵大队、1个通信中队、1个工兵中队、1个辎重辎重中队、1个医疗中队、1个速射炮小队、1个筑垒支队，以及第135联队1个步兵大队，第18联队的1个战车中队（装备12辆九五式轻型坦克），第29野战医院1个支队，第164独立车辆中队的1个小队。

其中，第50联队下辖的每个步兵大队包括3个中队和1个装备2门九二式70毫米步兵炮的炮兵小队，步兵大队不下辖机枪中队，而是每个步兵中队下辖1个装备4挺九二式7.7毫米重机枪的机枪小队；加强有1个炮兵大队，下辖3个炮兵中队，其中2个炮兵中队共装备14门九一式105毫米榴弹炮，1个炮兵中队装备8门九四式75毫米山炮；速射炮小队装备6门九四式37毫米反坦克炮，并加强有一式47毫米反坦克炮。

在提尼安岛上，日本海军和航空兵共有4110人；第56海军守备队下辖1400人，包括9个步兵中队，装备4门三式76.2毫米岸防炮、10门一〇式120毫米岸防炮、10门三式140毫米岸防炮、3门英制152毫米岸防炮；第82防空队装备4门九八式20毫米高射机关炮，24座双联九六式25毫米高射机关炮；第83防空队装备6门八八式75毫米高射炮。

美军投入的装甲兵兵力为：海军第2陆战师第2坦克营和第4陆战师第4坦克营，每个坦克连都在原先装备的基础上改编为加强坦克连。每个加强坦克连都装备18辆M4A2中型坦克、4辆M3A1"撒旦"喷火坦克和2辆M5A1轻型坦克。

■ 上图是美军在提尼安岛缴获的日军一〇式120毫米岸防炮。

■ 下图是日军布设在提尼安岛滩头上的九六式25毫米机关炮，被美军登陆发起之前的炮火准备所摧毁。

■ 美国海军陆战队第4坦克营的"小金砖"号（Goldbrick Jr）M4A2中型坦克正在提尼安岛南端作战。这是辆后期生产型的M4A2中型坦克，其车体侧面装甲上带有附加装甲。

1944年7月24日夜间，日军第135联队的第1大队向美军发起反击。当时，陆战队第4坦克营正在为第4陆战师第23陆战团清理前方的甘蔗田，方法就是将其压平。日军反坦克步兵潜伏到了距离美军阵地只有几米的地方，美军坦克已经发现了日军反坦克步兵，但怕伤及己方而不敢开火。日军反坦克步兵像老鼠一般窜到美军坦克旁边准备放置九九式磁性反坦克雷。然而，M4A2中型

■ 日军在提尼安岛上埋设的九三式反坦克地雷。

坦克已经加装了用于对抗九九式磁性反坦克雷的附加装甲。日军反坦克步兵没能将九九式磁性反坦克雷吸附到美军坦克上，他们很快被美军步兵击毙了。

反坦克步兵的近距离攻击无效，日军就只好用反坦克炮对抗美军坦克。日军在浓密的植被中修筑九四式37毫米反坦克炮的坑道，在近到无法想象的距离上向第4坦克营的M4开火，并连续击穿了2辆坦克的炮塔装甲。这些37毫米穿甲弹击穿了炮塔，甚至打坏了美军坦克兵怀中抱着的75毫米榴弹的引信，却没能给坦克造成任何伤害。以至于第1辆坦克的坦克兵根本没有意识到日军反坦克炮的存在。当然，这门九四式37毫米反坦克炮还是被美军击毁了。提尼安岛上的日军也试图用大口径火炮轰击美军坦克，但只要不命中要害，榴弹就只能在坦克装甲的表面造成一些伤痕而已。只不过榴弹的爆炸已经足以把美军坦克兵们吓得够呛了。

1944年7月31日早晨8时30分，陆战队第2、第6、第8、第23和第24陆战团向盘踞在提尼安

岛东海岸的日军发起进攻。美军要穿过的地区遍布坦克无法通行的灌木丛，只有一条道路能供坦克通行，但显然日军已经在那里埋设了地雷。在工兵的排雷掩护下，支援第23陆战团第2营的美军坦克向前推进。隐蔽在战壕中的日军步兵用猛烈的火力压制了美军工兵，为了使工兵能够继续排雷，美军坦克试图从侧翼迂回日军战壕，结果压上了日军埋设的航空炸弹。这辆坦克的履带被炸断，悬挂系统被炸坏，车长、驾驶员和副驾驶员受伤。日军步兵竟然爬上坦克，试图调转高射机枪的枪口扫射美军。其他美军坦克只好向这辆瘫痪的坦克开火，一直打到其弹药殉爆。

在支援第23陆战团第1营的战斗中，陆战队第4坦克营C连的1个坦克排遭遇了提尼安岛日军的一式47毫米反坦克炮，并出现了损失。美军坦步协同小组开进了日军早已精心准备好的反坦克陷阱。顷刻间，6发一式47毫米穿甲榴弹就击中了坦克排最左边的1辆M4坦克。其中1发炮弹击穿了炮塔侧面装甲，但驾驶员还是将坦克开了回来。美军坦克发射了烟幕弹，并召唤后方的榴弹炮和迫击炮对可能藏有日军反坦克炮的位置进行了火力压制。美军将这辆受伤的坦克布置在坦克排的后方，然后5辆坦克再次小心翼翼地摸了上去。日军的一式反坦克炮立即开火，6发穿甲榴弹击中了左翼的坦克。其中3发炮弹击穿了坦克车体的侧面装甲，并打瘫了这辆坦克。这次，美军坦克和步兵终于锁定了日军反坦克炮的位置。该炮隐蔽在水泥碉堡中，配有掩护步兵，其炮口射界封锁了美军坦克的通路。美军的1辆M4中型坦克向日军碉堡发射白磷弹进行压制，另1辆坦克绕到日军碉堡后方用穿甲弹和榴弹开火。日军碉堡和反坦克炮被炸得粉碎，美军步兵冲了上去，将正在逃窜的日军步兵尽数杀死。

1944年7月25日－26日凌晨4时，关岛上的日军与美军坦克爆发了激烈的战斗。当时，日军7个步兵大队直扑陆战队第9和第21陆战团的结合部。陆战队第3坦克营B连第2坦克排的7辆M4A2中型坦克驻守在这里，抵挡着日军步兵永无休止的夜袭。美军坦克兵在潜望镜中看到了令他们吃惊的一幕：在各色照明弹的光芒下，日军

■ 1944年7月26日，关岛，陆战队第2独立坦克连的M4A2中型坦克被日军一式47毫米反坦克炮击伤。在车体侧面的木制附加装甲上，有2个弹孔清晰可见。这辆坦克最终被美军修复。

■ 美军在关岛杜梦湾（Tumon Bay）缴获的一门日军一式47毫米反坦克炮，防盾已经卸掉。

步兵甚至高举武士刀冲向美军坦克！美军坦克兵知道，海军陆战队的步兵不会离开坦克太远。因此，每辆坦克上的75毫米坦克炮和2挺7.62毫米机枪向所有正在移动的物体疯狂地射击。日军的大口径火炮命中了路易斯·斯皮勒（Louis Spiller）的座车，但在M4坦克车体正面倾斜装甲上爆炸的榴弹并没有造成实质性伤害。第2发炮弹命中了相同的部位，驾驶员舱门的舱盖被炸飞，坦克的潜望镜也被炸坏，但坦克却岿然不动。有2个日军步兵冲到了路易斯·斯皮勒的座车面前，想要投掷炸药包和燃烧瓶，但立即就被斯皮勒击毙了。在撤回后方之前，斯皮勒的坦克又干掉了日军1个机枪组。

关岛上的日军步兵也使用了九九式磁性反坦克雷，但并没有对美军坦克造成什么伤害。虽然日军步兵投掷的燃烧瓶引燃了美军坦克，但M4A2中型坦克装备的是柴油发动机，而不是易燃的汽油发动机，因而美军坦克兵很快就用外套扑灭了火焰。

7月26日夜间，陆战队第3坦克营再次遭遇了日军步兵的夜袭。在战斗中，甚至有1名日军军官爬上了美军坦克，用武士刀插进了坦克舱盖的缝隙，撬开了舱盖。当时，武士刀的锋刃距离1名坦克兵只有约20厘米。美军坦克排的其他坦克都将7.62毫米机枪的火力集中过来，立即将这名日军军官打成了筛子。日军步兵挑着绑有各式爆炸物的杆雷冲上来，但都被处于相互掩护状态下的美军坦克屠戮殆尽。

1944年9月15日－11月27日，在帕劳群岛（Palau）的佩莱利乌岛（Peleliu），美军迎来了太

■ 在关岛之战中被击毁的M4坦克的残骸，如今仍保留在原处。

上图是在关岛之战中，通往伊戈（Yigo）的道路上，遭到日军反坦克炮火力射击并起火燃烧的美军 M4 坦克。

下图是关岛之战中，追击日军时而遭损毁的一辆 M4 坦克，美军士兵们正在设法使其让出路来。

■ 上图是1944年10月5日在关岛阿加纳（Agana）机场北部被美军缴获的日军九六式25毫米机关炮，其炮垒直径为4米。

■ 右图是1944年10月23日在关岛阿普拉港（Apra）通往卡布拉斯岛（Cabras）堤道上拍摄的日军九六式25毫米机关炮残骸。

■ 下图是1944年10月5日在关岛苏迈（Sumay）拍摄，美军在美国海军陆战队兵营靶场缴获的日军八八式75毫米高射炮，炮垒直径5–5.5米。

平洋战场最为血腥和艰苦的战斗。

驻守佩莱利乌岛的日军包括：步兵第14师团第2联队的步兵第1、第2和第3大队，步兵第15联队第2大队、第3大队，第53独立混成旅团的独立步兵第346大队，1个装备8门三八改75毫米野战炮和4门九一式105毫米榴弹炮的炮兵大队，1个装备4门九四式37毫米反坦克炮的联队属速射炮中队，1个装备19辆九五式轻型坦克的师团属战车队。每个步兵联队加强有一式47毫米反坦克炮，每个步兵联队下辖的步兵大队加强2门九四式37毫米反坦克炮，每个步兵中队加强1支九七式20毫米反坦克枪。同时，岛上的日军还装备有30门八八式75毫米高射炮。

参战的美军装甲兵为陆战队第1坦克营和陆军第710坦克营。第1坦克营淘汰了轻型坦克，全部换装M4A2中型坦克。第710坦克营A连、B连和C连共装备51辆M4A1中型坦克，D连装备M10坦克歼击车，营部突击炮排装备6辆M8型75毫米自行榴弹炮。这也是M10坦克歼击车首次参加太平洋战场的战斗。

1944年9月15日，陆战队第1陆战团在佩莱利乌岛"白滩"登陆，第5陆战团和第7陆战团在"橙滩"登陆。

在抢滩过程中，美军遭到日军珊瑚礁堡垒的交叉火力射击。当天上午10时，在日军一式47毫米反坦克炮、九八式20毫米高射机关炮和九二式7.7毫米重机枪的打击下，美军60辆LVT型两栖装甲车丧失了战斗力，其中26辆被彻底击毁。

在"橙滩"，美军遭遇了大片的雷区，包括作为反坦克地雷使用的航空炸弹、九六式水雷和二式水雷。很多地雷都没有埋设或没有安装引信。

佩莱利乌岛上的日军有装备了无线电机的炮

■ 佩莱利乌岛上的日军机场被占领之后，美国海军陆战队第1坦克营A连的M4A2中型坦克正在此集结。

■ 上图所示，美军登陆佩莱利乌岛过程中，有大量 LVT 型两栖装甲车和 DUWK 型两栖卡车被日军击毁。

■ 下图是美国海军陆战队士兵依托瘫痪的 LVT（A）–4 型两栖坦克与日军展开对射。

火观察员，美军坦克只要一露头，就会遭致日军炮兵的密集轰炸。尤其是日军150毫米重型迫击炮，即使其命中了美军坦克也无法将其击毁，但可以炸坏美军坦克的发动机舱。有15辆M4A2中型坦克被日军150毫米重型迫击炮命中，其中3辆被炸瘫。日军迫击炮和榴弹炮的火力非常密集，美军坦克曾试图支援步兵攻占一道山脊，却连续6次被日军炮火观察员召唤的火力所挫败。美军坦克不得不从弹幕中撤退，以免招来的炮火伤及周围的美军步兵。

1944年10月1日，陆战队第1坦克营只有12辆M4A2中型坦克还能继续作战。随后参战的第710坦克营有9辆坦克损失在了后来的战斗中。

小结

美制M3轻型坦克和M4中型坦克对日军反坦克战产生了巨大的影响。1940年，德军装甲

■ 佩莱利乌岛之战中，美军陆战队员正冲上滩头，背后是LVT两栖装甲车，背后冒出的黑烟证明一些装甲车已被击毁。

兵横扫荷兰、比利时、卢森堡和法国时，日军就对一系列正在研制中的步兵反坦克武器产生了怀疑。1942年11月，日军全面修订的《武器研究方针》中写道："近距离反坦克武器……或许应该停止对敌军坦克进行以炸药、火焰、毒气、烟等方式的近距离攻击。"

■ 这是佩莱利乌岛之战中，M4坦克掩护美军士兵向丛林深处进发。

上图及下图都是佩莱利乌岛上残存至今的美军 M4 中型坦克残骸。

然而，M4中型坦克的出现，使日军的所有专职反坦克炮在一夜之间过时了。日军不得不再次拣起步兵近距离反坦克战术。1944年7月，日军发布的《反战车作战参考》中写道："现在的战局下，反坦克作战的主要战术为近距离攻击。根据彻底的训练，以果敢地使用皇军独有的近身给予对手致命一击的战术为宗旨……近距离攻击的主旨是……进行舍命的攻击，点燃为此舍身以殉天皇的至诚，并抱着给予敌军坦克致命一击的旺盛战斗精神，舍生忘死，需要以自己的一命与一辆敌军坦克和数名坦克兵同归于尽……"与此同时，日军反坦克炮兵与野战炮兵也开始更加注重战术，力求在近距离开火，射击盟军坦克的侧后装甲。1944年10月，美军反攻菲律宾时，日军反坦克战术才开始更为有计划和有效地进行。日军反坦克战的最高峰，到冲绳战役时才最终实现。

■ 上图是佩莱利乌岛战后，美军缴获的日军一〇式120毫米岸防炮。

■ 下图是日军在佩莱利乌岛遗弃的一式47毫米反坦克炮。

缅甸

与其他战区相比，缅甸战场的日军反坦克战稍显不同。缅甸距离日本本土更远，日军获得装备或补充损失的装备，要比太平洋群岛上的日军更为困难。在缅甸的日军缺乏反坦克炮，因此他们的反坦克战术也就更为特殊和极端。

1944-1945年，在缅甸的英军和英联邦军具有21个营级规模的坦克团、装甲团、骑兵团，架桥装甲团、侦察团和1个扫雷坦克中队。1943-1945年，在缅甸的英军和英联邦军装备的装甲战斗车辆型号包括M4/"谢尔曼"中型坦克、M3/"格兰特／李"中型坦克、M3/"斯图亚特"轻型坦克、"瓦伦丁"（Valentine）Mk III型步兵坦克、"瓦伦丁"Mk V型步兵坦克、"瓦伦丁"型扫雷坦克、"格兰特"型扫雷坦克、"戴姆勒"型装甲侦察车、"亨伯"型装甲侦察车和"布伦"型机枪装甲车等。其中，美制M3/"格兰特／李"中型坦克是日军较为特殊的对手。太平洋战场上，只有进攻马金岛的美军第193坦克营装备了这种坦克。在缅甸战场，英军和英联邦军大量使用了"格兰特／李"坦克。在取得了北非战场的胜利之后，除了部分以其底盘改装的特种型号之外，地中海-

欧洲战区的盟军就不再使用该型坦克了。因为其火力和装甲都不足以应对欧洲战场的战斗了。然而，这种坦克在缅甸战场成了大有作为的武器。日军任何型号的坦克都无法与之抗衡，其75毫米坦克炮足以摧毁日军坦克和碉堡，其37毫米坦克炮发射的M2型榴霰弹非常适于用来消灭隐藏在丛林或者树梢上的日军狙击手，或者用于杀伤蜂拥而来的日军反坦克步兵，其车载机枪较多的特点也很适于执行支援步兵的任务。

1944年，日军缅甸方面军下辖第15军、第28军、第33军。这3个军下辖位于前线的8个步兵师团、1个独立混成旅、1个战车联队，以及在后方的2个步兵师团、1个独立混成旅和2个伪印度步兵师。在英帕尔战役中，日军第15军损失了大量的火炮和辎重车辆，导致部分日军装备缺编。据守密铁拉的日军第18师团的山炮第18联队和第49师团的炮兵第49联队，其装备的火炮只有标准编制的一半。为了补充缺失的火力，第15军将其军属炮兵的主力——由长沼大佐指挥的"长沼炮兵群"，调配给这两个步兵师团。长沼炮兵群装备2门九六式150毫米榴弹炮、9门九二式105毫米加农炮、21门九〇式75毫米野战炮和四一式75

■ 1945年缅甸战场上英军皇家装甲部队第150团装备的一辆M3"李"中型坦克的涂装。炮塔上的蓝色圆圈标明其隶属于C中队；车身上还有该辆坦克的名字"古苏格兰人"（Caledonian）。车身上是一门75毫米坦克炮，炮塔上则是一门37毫米坦克炮。

■ 上图英军第3卡宾枪骑兵团装备的M3"李"中型坦克正在进军仰光的路上。这辆坦克安装的仍然是短管的M2型75毫米坦克炮，炮口装有配重。

■ 下图是1945年3月10日，英军皇家装甲部队第150团C中队的"哥萨克"号（Cossack）M3"李"中型坦克率队前往达弗林堡（Fort Dufferin），旁边的步兵隶属于英印第19步兵师。这辆坦克车体正面装有履带制成的附加装甲，用于抵御日军反坦克炮的威胁。

毫米山炮、13门九四式37毫米反坦克炮和一式47毫米反坦克炮。

在缅甸的日军极度缺乏反坦克炮，日军野战炮兵不得不将大量原本用于火力支援的山炮、榴弹炮、加农炮和野战炮用于反坦克战。日军野战炮兵的隐蔽非常成功，得以在极近距离轰击英军坦克。日军四一式75毫米山炮配备了破甲弹，这确实给英军坦克造成了损失。然而，英军却认为这样更好。因为日军将火炮用于反坦克战，英军步兵就可以不受干扰地发起进攻，这反而加速了日军防线的崩溃。有些日军炮兵一直保持沉默，

等到英军坦克距离27米时才开火，因此弹无虚发。但是，在如此近的距离上开火，也立即暴露了自己的所在位置。这种战术与自杀无异，因为他们随即就被消灭了。

在缅甸的日军也组建了反坦克步兵小组，盟军称其为"坦克猎击小组"。他们经常在烟幕的掩护下接近英军坦克，但只要英军的坦步协同完善，这些日军反坦克步兵就有去无回。英印第7女王直属轻骑兵团的1名尉官就非常痛恨日军反坦克步兵。一次，2名印度工兵俘获了1个日军反坦克步兵。这名印度尉官愤怒地抢过印度工兵缴获的

■ 1945年4月5日，英印第17步兵师在缅甸缴获的日军九〇式75毫米野战炮。

■ 上图是1945年3月21日在曼德勒，东南亚盟军最高司令蒙巴顿（Mountbatten）勋爵身着英国皇家装甲兵制服，坐在缴获的日军九五式75毫米野战炮上。缅甸日军反坦克炮的匮乏，使其不得不将常规野战火炮用于反坦克。

杆雷，向日军俘虏抽打过去。结果，杆雷突然爆炸，日军俘虏和2名印度工兵当场被炸死，印度尉官也炸成重伤。

英军第25龙骑兵团曾缴获过日军九九式磁性反坦克雷，并利用废弃的"格兰特／李"坦克进行了试验。英军发现，九九式磁性反坦克雷只能在该型坦克的侧面装甲上炸出个浅坑。但是，九九式磁性反坦克雷可以将无线电操作员位置的顶装

■ 上图是日军九九式磁性反坦克雷在英军M3"格兰特／李"中型坦克装甲上炸出的孔洞的近距离特写，4名坦克兵阵亡，坦克起火燃烧。

甲炸出个孔，也可以炸穿坦克的发动机舱盖。为此，英军坦克兵在该型坦克上加装了金属格栅网，以保护脆弱的坦克发动机舱盖。

有些日军反坦克步兵会使用非常极端的战术——在地面或路面上挖坑，坑顶有用于伪装的铺盖；日军反坦克步兵坐在坑里，抱着炮弹或航空炸弹，手中握着锤子；当英军坦克经过坑顶时，日军反坦克步兵就用锤子敲击炮弹或航空炸弹，炸穿英军坦克薄弱的底装甲。在攻打曼德勒的战斗中，英印第254坦克旅至少有1辆"格兰特／李"被日军以这样的战术摧毁。但是，这种战术大多都被保护坦克的英军和英联邦军步兵识破，坑中的日军反坦克步兵会立即遭到射杀。

为了抵挡滚滚而来的英军装甲洪流，日军甚至不惜挖掘了长达1600米的反坦克壕。日军

也曾重复他们在印度尼西亚的婆罗洲使用过的战术——直接将汽油倒在道路上点燃，以此来阻挡英军坦克。还有的日军步兵曾将在汽油中浸过的树枝点燃，试图用于烧毁英军坦克。

在英帕尔战役中，日军在波特桑巴姆村（Potsangbam）和宁索科洪村（Ninthoukhong）部署的一式47毫米反坦克炮，给英军的"格兰特／李"坦克造成了一定威胁。英军以两种战术进行对抗：用烟幕掩护"格兰特／李"坦克的进攻，遮蔽日军反坦克炮兵的视野；在黎明前，以步兵作为先导发起进攻，坦克跟进。英军基本是从西向东进攻，黎明时分从东方升起的太阳只可能暴

■ 这辆M3"格兰特／李"中型坦克的发动机舱盖上铺着用于隔开日军九九式磁性反坦克雷和其他空心聚能装药反坦克爆炸物的金属格栅网。坦克上坐着的是英印孟买掷弹兵，他们非常擅于对抗日军反坦克步兵。

露日军的位置并隐蔽英军坦克的轮廓，以及步兵显然比坦克更适于清剿恼人的反坦克炮。

1945年1月30日，在缅甸坎加瓦（Kangaw）地区，日军第54师团的第154联队向英军第1突击营和第42皇家海军突击营据守的170高地发起进攻。英印第19英王乔治直属枪骑兵团的3辆"谢尔曼"中型坦克在170高地上支援英军突击队的防御。日军步兵第154联队的工兵组成了坦克爆破小组，装备绑有炸药包的杆雷和九九式磁性反坦克雷。他们疯狂地冲向170高地，日军小队长和他的副官成功地爬上了2辆"谢尔曼"坦克，并用杆雷上的炸药包将其炸毁。

1945年2月21日，在伊洛瓦底江前线，日军步兵第119联队属速射炮小队伏击了英军第3卡宾枪骑兵团的M3"格兰特／李"中型坦克。这个速射炮小队原本装备的一式47毫米反坦克炮在盟军的空袭中损失掉了，只能匆忙找了1门九四式37毫米反坦克炮代替。日军反坦克炮兵在道路侧面设伏，在80米的距离上，向英军6辆"格兰特／李"坦克的侧面装甲发射了64发穿甲弹。其中，命中第1辆坦克6发，命中第2辆坦克9发，命中第3辆坦克13发，命中第4辆坦克16发，命中第5辆坦克18发，命中第6辆坦克2发。英军这6辆坦克，前5辆都被打瘫，却没有任何穿甲弹击穿装甲，全部是因为反复被炮弹命中而导致内部机械出现损伤和故障而丧失机动能力。日军九四式37毫米反坦克炮打光了所有的炮弹，由于火炮驻锄插在地里无法机动而被英军坦克击毁。在这场战斗中，日军反坦克炮的隐蔽极为成功。在80米的距离上，直到弹药耗尽才被英军坦克锁定位置。如果这是1门一式47毫米反坦克炮，那么这6辆M3"格兰特／李"中型坦克恐怕就在劫难逃了。

1945年2月22日，在缅甸皎勃东以北的欧英村（Oyin），日军步兵第2师团第16联队的2个步兵中队遭遇了英印第5骑兵团和第9枪骑兵团的

"谢尔曼"中型坦克。负责支援坦克的是英印第6和第7拉其普特（Rajput，印度北方专门从军的部分人，自称是古印度种姓刹帝利的后裔）步兵团。在欧英村，日军利用房屋下的地窖改造出了20个碉堡，并利用人工挖掘的池塘使这些碉堡构成棱堡的效果。村庄路口处的树林中埋伏有日军狙击手。在2个步兵连的支援下，2个中队的"谢尔曼"坦克分别从村庄的东方和北方接近。日军狙击手开火后，很快被"谢尔曼"的机枪火力消灭或压制。英印军步兵刚进入村庄，就遭到了日军机枪的密集扫射。坦克开进村庄后，逐个轰击发现的日军碉堡。日军很快采取了对应战术，他们点燃了村庄中的房屋，滚滚的浓烟和灰尘使坦克难以发现目标，也难以联系伴随坦克的步兵。这时，日军反坦克步兵出动了。英印军坦克中队长的座车开过树篱时，日军反坦克步兵从隐蔽处冲了出来，钻到车底后引爆了背在身上的简易空心装药反坦克雷，该座车被炸瘫，驾驶员受伤。随即，第2个反坦克步兵冲了出来，爬上第2辆"谢尔曼"。车长迅速关闭了舱盖，并用无线电机向其他坦克呼号"歹徒"（Badmash）——遭遇日军反坦克步兵时发送的信号。其他坦克立即将机枪火

■ 这是1945年，缅甸日军怀抱地雷进行自杀性反坦克训练，扮演英印军 M4 坦克的可能是日军的九七式或九七改式中型坦克。但是在实战中，M4 强大的防卫火力往往令日军的"肉弹"难以接近。

力集中过来，将日军反坦克步兵击毙。第3个反坦克步兵冲上来，也遭到了英军坦克车载机枪的射杀。当天，在后来的战斗中，日军反坦克步兵发起了多次进攻，但全部失败。自始至终，日军步兵都在用轻武器压制英印军坦克的炮塔，1辆"谢尔曼"坦克的2个车长潜望镜都被打坏了，炮塔上有40处弹痕。还有1名坦克中队长在下车联络步兵时遭到日军狙击手的射杀。但是，英印军取得的战果更大——击毙50多名日军步兵，缴获2门九二式70毫米步兵炮和一些机枪，摧毁1个弹药堆积点。

1945年3月，英军第3卡宾枪骑兵团支援英军第2步兵师从曼德勒西南的伊洛瓦底江桥头堡向东推进。在战斗中，日军1名军官高举武士刀爬上1辆M3"格兰特／李"中型坦克。他成功地登上了坦克并钻了进去，用武士刀杀死了坦克车

长和37毫米坦克炮炮手。由于37毫米坦克炮炮闩的阻挡，他的武士刀无法刺到装填手。于是，他拔出手枪，想要开枪。年仅19岁的装填手打落了手枪，日军军官就冲上来，想要掐死装填手。装填手掏出手枪，将全部子弹射向这个日军军官，才将其击毙。在此期间，75毫米坦克炮炮手对炮塔中发生的殊死搏斗全然不知，仍然在聚精会神地开炮。

为了对抗英军坦克，缅甸战场的日军甚至不惜动用化学武器。英军有两次可以确认的记录，日军使用一式玻璃瓶氢氰酸毒气手榴弹攻击了英军坦克。在1942年的战斗中缴获的英军武器也派上了用场，日军曾用1门缴获的英制25磅野战炮击毁了1辆M3"格兰特／李"中型坦克。更有甚至，日军1门九八式320毫米臼炮发射的超口径榴弹，曾偶然地砸中了英军第3卡宾枪骑兵团的1辆

■ 这是1943年4~5月日军在印缅边境战斗训练中拍摄，他们正在制作燃烧瓶进行反坦克作战训练。反坦克武器的匮乏是缅甸战场上日军的普遍现状，一直持续到其全军覆没。

■ 这是1944年在印度的蓝姆迦（Ramgargh）训练中心拍摄的中美联军第1暂编坦克群第3坦克营装备的M3A3轻型坦克。

"格兰特／李"，阴差阳错地将其击毁了。

在缅甸战场，中国远征军的装甲兵团也参加了对日作战。这支部队又称"中美联军第1暂编坦克群"，下辖6个坦克营。其中，4个坦克营装备美制M3A3轻型坦克，2个坦克营装备美制M4A4中型坦克。1944年4月，中美联军第1暂编坦克群开始装备M4A4中型坦克。实战中，6个坦克营的装备可能进行了重新分配，每个坦克营都下辖1个中型坦克连。整个暂编坦克群有1800名中国官兵，美军顾问团231人。

对于中国远征军坦克兵来说，日军一式47毫米反坦克炮依然存在巨大威胁。美军士官长卡尔·伯克回忆："日军47毫米反坦克炮炮弹可以从炮塔一侧穿进来，再从另一侧穿出去。如果其击中了车里的弹药，会给乘员带来灭顶之灾。"

1944年3月3日，中美联军第1暂编坦克群第1坦克营的M3A3轻型坦克与国民党军新编第22步兵师第66团1营组成特遣队，向日军第18师团司令部后方迂回。当天傍晚18时30分，在瓦鲁班，日军步兵第55联队第3大队伏击了中国军队。日军四一式75毫米山炮、一式47毫米反坦克炮和迫击炮猛烈地轰击M3A3轻型坦克。对射一夜之后，美军P-51"野马"式战斗机赶来支援，击退了日军。第3大队几乎全军覆灭，大队长冈田公中佐被击毙。中美联军第1暂编坦克群第1坦克营损失4辆M3A3坦克，1辆装甲推土机。另有2辆M3A3跌入河中，打捞上来修复后继续使用。

1944年3月14日，在孟琪战役中，日军使用了更多反坦克战术对抗中美联军第1暂编坦克群。包括使用诡雷、火障、九九式磁性反坦克雷、

■ 上图是1945年3月，中美联军第1暂编坦克群第1坦克营3连的一辆 M3A3 轻型坦克在缅甸的行动中。

自杀式反坦克步兵等，甚至用伐倒的树木阻挡中国坦克的前进。在坚布山，日军步兵第55联队第2大队使用地雷和九九式磁性反坦克雷炸毁了8辆 M3A3。在杰布山山口，曾有几名日军步兵，每个人身上绑着6块苦味酸炸药，用同归于尽的方式炸毁了1辆 M3A3 坦克。中美联军第1暂编坦克群的对策是在坦克上安装特制的铁丝网，隔开10厘米的距离，使日军炸药的爆炸威力锐减。

1944年4月19日，首批 M4A4 中型坦克抵达。5月3日，在胡康河谷的新开塘之战中，中美联军第1暂编坦克群调集57辆 M4A4 坦克和 M3A3 坦克，向日军发起集群冲锋。日军步兵第56联队第2大队装备的一式47毫米反坦克炮也未能拦住这样的攻势。有日军步兵试图爬上被地雷炸断履带的 M4A4 安放九九式磁性反坦克雷，但被其他坦克的机枪射杀。日军步兵第2大队土崩瓦解，大队长芋生少佐阵亡。

■ 左图是中美联军第1暂编坦克群的一队 M4 坦克正在穿过楠沃河，可以看到坦克炮塔上漆着卡通老虎的形象。

■ 下图是1945年，缅甸，木邦（Hsenwi），中美联军第1暂编坦克群装备的 M4A4 中型坦克。

菲律宾

1944年10月20日，麦克阿瑟将军率领美军第1军和第14军杀回了他曾经许诺要回到的菲律宾。其下辖的装甲兵兵力包括7个坦克营、3个坦克歼击车营、1个独立坦克连，还有两栖坦克营。坦克营装备M4中型坦克、M5轻型坦克、M7型105毫米自行榴弹炮，坦克歼击车营装备M10坦克歼击车和M18坦克歼击车。

美军预计将与驻扎菲律宾的日军战车第2师团爆发大规模坦克战，因此动用了投入了包括坦克歼击车在内的大量坦克装甲战斗车辆。然而，预计中的大规模坦克战并没有爆发，日军坦克或埋入地下作为碉堡，要么在零散的反击中被美军轻易摧毁。

据守菲律宾的是由山下奉文大将指挥的日军第14方面军，下辖第14军、第35军和第41军，包括12个步兵师团、1个战车师团、1个挺进集群、1个飞行师团、6个独立混成旅团、1个炮兵司令部，以及陆军和海军守备队。

■ 上图是1945年2月，行驶在菲律宾吕宋的美军M7型105毫米自行榴弹炮。

■ 下图是1944年11月23日，在菲律宾莱特岛的战斗中，身陷泥沼的美军第763坦克营的一辆名为"大毒蛇"（Bushmaster）的M4坦克，当时他们正在支援第96步兵师的行动。自莱特岛的战斗后，美军坦克兵陆续涂掉了车身上过于明显的白星标志，以免为日军反坦克炮兵指引目标。

■ 上图是1945年4月在吕宋岛北部的碧瑶(Baguio)，美军步兵在M7自行榴弹炮(近)和M10坦克歼击车(远)的支援下发起进攻。美军在1944−1945年的菲律宾战役中投入了大量的装甲战斗车辆，但预计的与日军的大规模装甲战斗并未发生。

■ 上图是1945年3月29日，美军登陆菲律宾的内格罗岛后，来自第706坦克营D连的一辆M5A1轻型坦克正带领一队摩托化纵队向纵深进军。

■ 右图是1945年在吕宋岛上，美军的一辆M4正经过一辆日军坦克残骸，菲律宾日军的坦克完全没有与美军进行大规模坦克战，也未形成重要的反坦克力量，菲律宾战场上承担反坦克力量的主要是日军各式反坦克炮、野战炮和地雷。

其中，日军战车第2师团是第14方面军最为精锐的部队。其炮兵装备情况为：

1．机动步兵第2联队，下辖3个机动步兵大队；每个大队下辖3个机动步兵中队和1个整备中队，每个机动步兵中队装备3门一式47毫米反坦克炮，整个联队共计27门一式47毫米反坦克炮；联队炮兵中队则装备6门四一式75毫米山炮。

2．机动炮兵第2联队，下辖3个机动炮兵大队，每个大队下辖3个中队；第1大队装备4辆一式75毫米自行火炮、8门九○式75毫米野战炮；第2大队装备12门九一式105毫米榴弹炮；第3大队装备11门九一式105毫米榴弹炮、2门一式47毫米反坦克炮。

3．战车第2师团属速射炮队，下辖3个速射炮中队，每个中队装备9门一式47毫米反坦克炮，共装备18门一式47毫米反坦克炮。

4．战车第2师团属工兵联队，联队指挥部装备1门九四式37毫米反坦克炮。

5．战车第2师团属整备队，装备4门九四式37毫米反坦克炮。

以上为47门一式47毫米反坦克炮和5门九四式37毫米反坦克炮，共计52门反坦克炮。在菲律宾时，日军战车第2师团加强了3个独立反战车战斗中队，共装备18门反坦克炮。实际上，这3个中队没有装备任何反坦克炮，反坦克炮兵作为步兵参加实战。

在菲律宾的日军步兵师团和独立混成旅团所装备的反坦克炮难以满足对抗美军坦克的需要。在反坦克战中仍然要依靠加强的独立速射炮部队，包括独立速射炮第18、第19、第23、第24、第25、第26大队，独立速射炮第21、第37中队、第4暂编速射炮中队、第5暂编速射炮中队和第6独立速射炮中队。每个暂编速射炮中队下辖80名反坦克炮兵，装备4门一式47毫米反坦克炮。

在菲律宾的日军炮兵装备不统一。例如，第

1师团的炮兵第1联队，装备9门三八式75毫米野战炮、18门九一式105毫米榴弹炮和9门九六式150毫米榴弹炮；第19师团的山炮第25联队，装备36门九四式75毫米山炮；第23师团的炮兵第23联队，装备12门九一式105毫米榴弹炮和12门九六式150毫米榴弹炮。

1945年1月9日至6月30日，在吕宋岛上，美军第6集团军总计摧毁和缴获了日军124门一式47毫米反坦克炮、114门九四式37毫米反坦克炮和1942年时缴获自美军的1门M3型37毫米反坦克炮。

1944年11月15日，日军第2战车师团司令部下发了一本作战手册，对反坦克战术进行了指导：

在菲律宾之战中，我们只有两条路可走：要么美军死，要么我军亡。玉碎是我们最后的归宿，但是，任何人都不许在杀死10个敌人之前就自我牺牲。

这是场反坦克战，尤其是对抗敌军"重型坦克"的战斗。装备上的劣势，必须由我军的长期训练和卓越的牵制性奇袭计划中所得来的技战术进行弥补。

反坦克作战的要点是明确敌军坦克的弱点，以奇袭计划使其弱点暴露明显，然后奇袭之。

精心准备的作战计划，可以使敌军坦克陷入困境，可以使我军利用壕沟和伪装阵地避免被敌军发现，通过其他目标、运动、烟雾或者其他防区内的爆炸转移敌军的注意力，从而对其进行奇袭。在任何时候，官兵都必须熟练掌握这种奇袭战术。

我军的"歼击型反坦克武器"是九○式野战炮和带有握把手柄的空心聚能装药破甲战斗部雷——刺雷，分别在500米和2米之内使用它们，可以最大程度发挥其毁灭性效果。

对比以上武器，下列武器可称之为"奇袭战术武器"。这些武器的具有很强的机动性，可以在各种地形上随时随地使用，可以通过突然袭击给敌军坦克的机动系统和武器装备造成损害，减轻"歼击型反坦克武器"的压力，从而使其能够更顺利地完成任务。它们的最大有效射程为：47毫米炮——1500米，37毫米炮——1000米，机枪——300米。

对于炮手来说，彻底摧毁敌军坦克需要精湛的技艺。步兵全体官兵也一样，无一例外，必须熟练掌握手置爆炸物的使用，尤其是空心聚能装药破甲爆炸物。

在敌军坦克进入我军"歼击型反坦克武器"攻击距离之前，使我军"歼击型反坦克武器"免于敌军打击是重中之重。可以在敌军坦克行进时，通过伏击、抓住战机攻击之，或者通过奇袭计划转移敌军坦克的注意力。在这样的奇袭计划中，烟雾用于转移注意力的爆炸，假人模型与其他方法用于转移敌军注意力，从而使我军可以迅速接近敌军坦克。牵制性攻击和主要突击之间应该紧密协同，最大程度地保持相互之间的联系。

使用"歼击型反坦克武器"进行攻击，必须首击即中。要有耐心并且以大无畏的心态等到距离足够近。除非距离远到可以放心开火，否则要一直处于隐蔽状态，不能暴露位置，攻击后要在敌军瞄准你之前迅速脱离。

美军也对日军在菲律宾的反坦克战进行了分析和总结。美军认为：

在菲律宾，日军主要用于打击美军坦克的火炮是一式47毫米反坦克炮和九〇式75毫米野战炮。在莱特岛的战斗中，美军首次遭遇了九〇式

■ 1945年1月在菲律宾的战斗中，被日军一式47毫米反坦克炮连续击穿侧面装甲的美军 M4A3 中型坦克。

■ 1945年3月10日在马尼拉近郊，美军第44坦克营的M4中型坦克正在向1门处于隐蔽状态的日军反坦克炮开火。那门日军反坦克炮刚刚击毁了1辆美军坦克。

75毫米野战炮；随后，美军在吕宋岛频频与该型野战炮碰头。美军前线作战报告和技术情报部门进行的战地试验表明，一式47毫米反坦克炮和九〇式75毫米野战炮是有效的反坦克武器。日军九二式70毫米步兵炮装备了破甲弹，美军技术情报部门进行的试验显示，其破甲弹至少能击穿76.2毫米厚的装甲。只不过，试验状态下的静破甲深度不等于实战中的动破甲深度。

在坦克可以通行的地带，日军会选择具有良好射界的阵位部署反坦克炮。反坦克炮一般处于半地下状态，周围会有足够的步兵进行掩护。但是，这样的反坦克炮却通常呈单门部署，没有可以轮换的射击阵地。日军最为常用的战术就是伏击，他们会"诱骗"那些粗心大意的美军坦克兵，把坦克开进日军反坦克炮的伏击圈，再对其"一击必杀"。在采取这种战术时，日军通常都是将美军坦克放过去，等其暴露薄弱的侧后装甲，然后再开火。

在日军各种奇异的反坦克战术中，自杀式反坦克战术和渗透战术是最具特色的。在美军缴获的日军文件中，记述了1945年1月16日，日军第58独立混成旅团在吕宋岛罗萨里奥（Rosario）地区进行的大规模渗透作战：

第14方面军司令部，1945年1月18日记录，对坐垫雷威力的调查。第58独立混成旅团的自杀式渗透部队于1月16日进行的渗透作战表明，坐垫雷能有效打击M4中型坦克。取得战绩为：使用坐垫雷彻底摧毁8辆M4中型坦克，彻底摧毁46门牵引式火炮，彻底烧毁8辆汽车。

第14方面军很重视第58独立混成旅团的这次突袭，将文件下发到各主力部队进行学习。但是，根据美军的记录，日军第58独立混成旅团在当天发起的渗透攻击中没能击毁任何美军坦克和火炮，甚至连击伤都没有。可以说，日军自杀式渗透部队鲜有成功，日军很少能以这种战术击毁美军坦克和火炮。根据美军的经验，渗透进美军防线内部的日军步兵，要么是丧失了勇气，要么是兴奋过度——简直就是在失控的状态下胡乱投掷各种爆炸物，几乎看见什么炸什么。这反而没给美军造成什么太大损失。

日军步兵的自杀式反坦克战术还包括使用刺雷和背包式反坦克地雷，有时是单兵进攻，有时是集群进攻。日军作战教义要求反坦克步兵小组与反坦克炮协同作战，但在实战中很少如此。不过，亦有例外。1945年3月4日早晨，在安蒂波洛（Antipolo）以西2286米处的一个"U"形转弯路口，美军3辆M4中型坦克遭遇日军伏击。伪装良好的1门一式47毫米反坦克炮命中了美军的领头坦克，整个纵队就停了下来。随后，15—20个装备了炸药和燃烧瓶的日军步兵冲出来，包围了美军坦克。日军步兵用炸药包炸断了第2辆坦克的履带，用燃烧瓶点燃了领头坦克和第2辆坦克，最后又炸毁了第3辆坦克。在战斗中，美军负责掩护坦克的2个步兵班始终遭到日军1挺机枪的压制。

在菲律宾的日军使用了九三式反坦克地雷、九九式磁性反坦克雷、棒地雷、三式陶雷，以及埋入地下作为反坦克地雷使用的航空炸弹和深水炸弹。在马尼拉的战斗中，日军使用了大量地雷。在道路、十字路口、路障、田野、桥梁或者桥梁的入口，日军混合使用了各种型号的地雷。大部分雷区都处于日军火力控制范围下。美军认为，日军雷区的布设并无规律可循，而且地雷的伪装效果很差，很多地雷只是部分埋入地下、部分露在地上，很容易就会被发现。只有日军基层军官中的少数有识之士认识到了存在的缺陷。美军缴获了一名日军少佐于1945年1月给其指挥的大队所下达命令的文件："所有部队在道路上埋设的地雷，伪装做得都不彻底。埋设地雷必须进行彻底的伪装，这样才能使路过的敌军不起疑心。"但是，意识到这些问题的日军官兵太少，改变不了日军雷区质量低劣的总体局面。

日军反坦克地雷很难对美军坦克造成严重损伤，因此日军步兵和工兵也将反坦克地雷与各种

■ 1945年4月22日在碧瑶，美军第117工兵营正在用工程机械车辆拯救第775坦克营的一辆因为遭遇日军路边地雷而抛锚的M4坦克。

爆炸物混合埋设。日军经常将水雷和航空炸弹按照2：1的比例，作为反坦克地雷进行埋设。大口径火炮的炮弹，大口径迫击炮的炮弹和深水炸弹也被当做反坦克地雷埋设。深水炸弹通常都由电起爆控制，电线通往日军隐蔽位置。如果日军将深水炸弹埋设在距离地表15－20厘米以下的地方，通常都会将1颗三式甲型陶雷或者棒地雷埋在其上方，用于引爆下面的深水炸弹。在田野和布满草木的路肩处，经常能遭遇带有三式甲型陶雷和绊索引信的深水炸弹。三式甲型陶雷可能与深水炸弹连在一起，也可能呈分离状态。当深水炸弹埋设在路障处时，日军还会在其上方的三式甲型陶雷上附加装有208升汽油的汽油桶。

单独埋设的三式甲型陶雷通常都带有绊索，棒地雷通常都埋设于道路各处或放置在45.36公斤的航空炸弹之上。有时，埋设在地里的航空炸弹使用了弹头引信，引信朝上接近地表，22.7公斤的压力就能引爆炸弹。

尽管菲律宾群岛上的日军在雷区的布设问题上非常拙劣，但是单兵使用的地雷却很成功。日军步兵将电控地雷埋在路肩，控制地雷的士兵隐藏在道路附近的散兵坑里，等着美军坦克经过，并且在适当的时机引爆地雷。主要情况下，发动夜袭的日军步兵会将地雷放置于经常有美军坦克

■ 1945年1月9日在鏖战菲律宾首都马尼拉期间，美军第754坦克营的一辆M4A1坦克正行进在马尼拉的大街上，旁边是菲律宾的国会大厦。美军与日军在马尼拉爆发了极为激烈的巷战，日军利用当地建筑改造了大量反坦克工事，让美军吃了不小苦头。

通行的路段上。第2天早晨，路过的美军坦克和车辆就会撞上这些地雷。

在反攻菲律宾之前，美军与日军争夺的大部分岛屿都是荒无人烟的，或者只有些原始的土著居民。菲律宾很早就成了西班牙殖民地，有很多城镇，因此有很多巷战。在马尼拉之战中，日军以具有抗震结构的建筑物作为支撑点，包括民宅、教堂、学校和国会大厦。这些建筑物中都部署有反坦克武器，指向周围的通道，并以厚实的沙袋构筑成碉堡。接近建筑物的道路上也有地雷和障碍物。日军充分利用了当地现有的房屋或建筑周围的石墙，以增加障碍物的强度，或者使已有的迟滞性障碍连成一体。日军曾将1条4.6米宽、3米深的排水渠改建成了坦克陷阱，并以1道4.6米高、0.6米厚的混凝土墙进行保护。日军用各种各样的障碍物封锁街道：十字路口有障碍物阻挡并有反坦克武器掩护；将钢柱嵌入混凝土中作为障碍；将有轨电车车轴插入路面，阻挡美军坦克前进；将工厂中的重型机器埋在街道上。有种反坦克障碍是用汽油桶构筑而成的——将汽油桶立起放置，排成两三排，汽油桶之间的空隙用土壤填埋，汽油桶本身也装满了土。马尼拉城里也有传统的反坦克壕，以及用巨大的弹坑改造成的反坦克壕。

■ 美军在菲律宾缴获的日军三式甲型陶雷。

硫磺岛

第二次世界大战中，硫磺岛战役是太平洋战场上最为惨烈的战役。在兵力、物力和火力方面，尤其是装甲兵，美军占有绝对优势。尽管如此，在这个完全被要塞化的弹丸小岛上，美军人员的损失仍然要高于日军，美日损失比达到了1.23:1。硫磺岛地形地貌的限制，使步兵和炮兵成为了这场战役真正的主角。但是，美军坦克与日军炮兵和反坦克步兵之间的恶战也颇为引人瞩目。美国海军陆战队的坦克，尤其是喷火坦克，为硫磺岛战役的胜利做出了不可磨灭的贡献。

驻扎在硫磺岛上的日军隶属于小笠原兵团，陆军13586人，海军7347人。

陆军为小笠原兵团直属部队和步兵第109师团。师团直属部队包括师团部、通信队、高射炮队、师团警备队、突击中队、火箭炮队、给水队、弹药仓库、独立迫击炮第1中队；步兵第145联队下辖3个步兵大队、1个炮兵大队、1个工兵大队，1个野战医院；第17独立混成联队步兵第3大队；战车第26联队；第2混成旅团下辖独立步兵第309、第310、第311、第312、第314大队，炮兵大队、工兵大队、野战医院；第2混成旅团的炮兵群，则包括了炮兵大队、步兵第145联队炮兵大队、迫击炮第2和第3大队、独立迫击炮第20大队、独立速射炮第8、第9、第10、第11、第12大队、独立机枪第1大队和第2大队；配属部队包括第20特设机关炮队、第21特设机关炮队、第43特设机关炮队、第44特设机关炮队、火箭炮中队、第5筑垒工程中队、第21钻井队、硫磺岛辎重仓库队。

海军包括第125防空队、第132防空队、第141防空队、第27航空战队，硫磺岛警备队，海军乙航空队和第204设营队等。

日军在硫磺岛上构筑了500多条地道、800多个碉堡或防御工事。这些堡垒深入地下，相互连接，而且极为隐蔽，以至于遭到炮击、扫射和狙击的美军经常无法确认日军袭来火力的方向。

■ 1945年2月19日，美国海军陆战队登陆硫磺岛的壮观场景，揭开了近40天的惨烈血战之幕。

在硫磺岛上，日军反坦克作战的主力是5个独立速射炮大队（番号依次为独立速射炮第8、第9、第10、第11、第12大队，指挥官依次为清水一大尉、小久保藏之助少佐、松下久彦少佐、野手保次大尉、早内政雄大尉），这5个独立速射炮大队共装备70门一式47毫米反坦克炮，呈犄角之势部署，可对美军坦克形成交叉火力，并设有预备阵地。硫磺岛上的日军指挥官一度非常担忧美国海军陆战队的M4中型坦克，他们认为一式47毫米反坦克炮无法抵挡这些美军坦克。然而，硫磺岛的地形地貌严重限制了美军坦克的机动，而且日军反坦克炮的战术极为成功，因此击毁了不少美军坦克。日军战车第26联队属炮兵中队装备的8门九〇式75毫米野战炮也对美军坦克构成了严重威胁。

日军在硫磺岛上的其他炮兵装备包括：第2混成旅团炮兵大队装备的10门三八改式75毫米野战炮、5门四一式75毫米山炮、6门三八式120毫米榴弹炮，步兵第145联队炮兵大队装备的9门三八改式75毫米野战炮、4门三八式120毫米榴弹炮，独立迫击炮第1中队装备的12门日本海军二式81毫米迫击炮，迫击炮第2大队装备12门九六式150毫米迫击炮、12门九四式90毫米迫击炮，迫击炮第3大队装备10门九六式150毫米迫击炮、6门九四式90毫米迫击炮，独立迫击炮第20大队装备12门九八式320毫米臼炮、24门九四式90毫米迫击炮，火箭炮中队装备40部200毫米重型火箭弹发射器和400毫米重型火箭弹发射器、434发重型火箭，4个特设机关炮队共装备40-48门九八式20毫米高射机关炮和九六式25毫米高射机关炮，2个独立机枪大队各装备24挺九二式7.7毫米重机枪，9个步兵大队共装备18门九二式70毫米步兵炮和18门九四式37毫米反坦克炮，另有60门八八式75毫米高射炮；海军装备5门三式

■ 硫磺岛上的日军双联九六式25毫米高射机关炮，炮垒中还有日军炮兵的尸体。远处是美国海军陆战队第4坦克营的M4A3中型坦克和M32B2型坦克回收车。

■ 日军在硫磺岛上的120毫米岸防炮,其所在的暗堡已经被美军火力炸毁。

■ 硫磺岛日军的一门47毫米反坦克炮,它被伪装在一个洼地中,伺机对美军坦克发起偷袭。

76.2毫米岸防炮,3门120毫米岸防炮,4门140毫米岸防炮,4门150毫米岸防炮,17座双联八九式127毫米高射炮,30座双联九六式25毫米高射机关炮。

美军参战的装甲兵为美国海军陆战队第3、4、5师下辖的3个坦克营,共150辆M4中型坦克;另有68辆由LVT型两栖装甲车改装的两栖坦克,

380辆LVT型两栖装甲车。此外,还有维修部门装备的M32B2型和M32B3型坦克回收车。

美国海军陆战队第3坦克营装备中期生产型M4A2中型坦克,第4坦克营和第5坦克营装备后期生产型M4A3中型坦克。当时,第3坦克营的M4A2中型坦克并没有在车体侧面安装木制或混凝土附加装甲,但部分坦克在车体侧面焊接

■ 1945年2月硫磺岛上,美军士兵正在查看日军双联八九式127毫米高射炮。

了补丁式附加装甲，保护车体内存有的弹药的部位。第4坦克营和第5坦克营的M4A3中型坦克在车体侧面焊接了金属架，从而进行"升级"。美军用螺栓将橡木木板固定在金属架上，对抗日军九九式磁性反坦克雷和其他爆炸物。橡木木板与坦克车体侧面装甲之间有10.16厘米－12.7厘米的空隙。第4坦克营在空隙中填充了混凝土，并使用木板和混凝土夹层保护坦克顶部、前部和底部装甲。第5坦克营则保留了这些空隙，并将金属制波纹板安装在坦克车体侧面木制附加装甲的上缘。波纹板可以防止日军反坦克步兵爬上坦克，它们会扎进日军反坦克步兵的身体。日军控制着硫磺岛上的折钵山，因此俯射而来的日军大口径火炮火力和曲射而来的迫击炮火力一直威胁着美军坦克。第4坦克营将沙袋堆放在坦克用于对抗日军九九式磁性反坦克雷的金属格栅网上，用于抵御日军的炮兵俯射火力和曲射火力。第5坦克营A连将许多203毫米长的钢钉焊接在坦克的顶部，保护坦克的舱盖、通风孔、光学设备，使坦克看起来像只刺猬或豪猪。坦克的车顶装甲堆放了沙袋，只露出发动机的散热窗。

在硫磺岛战役中，这3个坦克营提供了雪中送炭般的支援。美国海军陆战队将喷火坦克的表现称为"与其同重的黄金等价"或"寸斤寸金"（"worth their weight in gold"）。陆战队第5师第26陆战团的弗兰克·考德威尔连长（Frank Caldwell）说："在我看来，这场战役的胜利，喷火坦克比其他任何支援武器做出的贡献都大。"陆战队第5师在硫磺岛战役最后阶段的报告称：喷火坦克是"会让日军离开他们的洞穴和岩缝，并且像见鬼一样狂奔的武器"。陆战队第3坦克营的部分M4A3中型坦克卸掉了航向机枪，装上了E4R2－5R1型火焰喷射器，改装成了喷火坦克。第4坦克营和第5坦克营的海军Mk Ⅰ型火焰喷射器性能更好，但是第3坦克营当时只有E4R2－5R1型火焰喷射器可用。第4坦克营和第5坦克营装备海军Mk Ⅰ型火焰喷射器的M4A3中型坦克被认为是硫磺岛战役中最有价值的武器。美国海军工程营特遣队（Task Force of Seabees）、美国陆军化学战研究中心（Army Chemical Warfare Service）的技术人员和美国舰载海军陆战队（Fleet Marine Force）坦克兵，改进了Mk Ⅰ型火焰喷射器，将其安装在M4中型坦克75毫米坦克炮的位置上，使其可以像炮塔上的坦克炮一样进行360°旋转和指向。M4A3喷火坦克使用带有增稠剂的汽油燃料，可以在持续55－80秒的时间内将火焰喷射到137.16米之外。第4坦克营和第5坦克营共有8辆M4A3喷火坦克，每个营装备4辆。在进攻日军岩洞和混凝土防御工事的战斗中，这8辆喷火坦克做出了巨大的贡献。日军极为痛恨美军喷火坦克，因此常出动反坦克步兵对其发起近距离攻击。由于糟糕的地形和日军的

■ 这是硫磺岛战役中，美国海军陆战队第4坦克营绰号为"女大学生"（Coed）的M4A3喷火坦克正在向日军暗堡喷射火焰。

■ 上图是硫磺岛战役时美国海军陆战队第4坦克营B连一辆名为"回旋镖"（Boomerang）的M4A2坦克的彩色涂装。车身侧面也添加了木制附加装甲和沙袋。坦克编号涂在了炮塔上。

■ 下图是来自硫磺岛战役中美国海军陆战队第4坦克营C连的一辆名为"彗星"（Comet）的M4喷火坦克的彩色涂装。车身侧面添加了木制附加装甲；车身上还覆盖了沙袋。坦克昵称和编号用白色油漆涂在车身侧面，坦克兵们还为其炮管起了个"寡妇制造者"（Widow Maker）的昵称。注意其炮塔和车身上的舱盖，为了防止日军的"跳梁"攻击，加装了铁丝网和钢钉。

攻击，美军喷火坦克也出现了损失，维修人员始终忙前忙后的工作使这些坦克能够不断地重新开上战场。

对于美军坦克来说，硫磺岛上最具威胁性的敌人并不是日军的任何武器，而是火山灰和沙土。在日军不间断的炮火下登陆并不是什么难事，但是这些松软的火山灰却让美军坦克无可奈何。在登陆过程中，第4坦克营和第5坦克营就有坦克被海水淹没或陷入流沙。对于将全岛尽收眼底的日军来说，美军坦克的位置和行动都一览无遗。一旦有美军坦克在稀松的地面抛锚，日军大口径火炮和迫击炮就会将炮弹砸向这些动弹不得的死靶子，一直轰到坦克被击毁或者乘员全体阵亡为止。美军试图使用被称为"马斯登席"的打孔钢板铺垫材料给车辆铺出道路来，但是这种材料很容易遭到日军炮火的毁坏。美军坦克开过沙滩，就来到了坑坑洼洼的岩石地带，这里的地形又很容易使美军坦克甩掉履带。由于潮水的原因，部分遗弃

■ 从上图可以看到，对于据守折钵山的日军来说，硫磺岛上美军坦克和两栖装甲车的位置和行动都一览无遗，日军火炮很容易就能锁定这些目标。

■ 下图是硫磺岛上的美军正在铺设"马斯登席"，以防止车辆陷入松软的火山灰。

■ 1945年2月硫磺岛上美国海军陆战队第5坦克营的一辆M4A3中型坦克。它的车体侧面装有对抗日军九九式反坦克雷的木制附加装甲，车体上部覆盖有沙袋，炮塔侧面有履带附加装甲，舱盖上焊接有钢钉，但是仍然无法避免退出战斗的命运——它并没有被日军击毁，而是陷入泥沙无法机动。

的美军坦克没有进行回收，它们也就成了其他坦克备用零件的来源。迄今为止，仍然能在硫磺岛的海滩上看见这些坦克的残骸。

历经千难万险的美军坦克好不容易站稳了脚步，又陷入了雷区和日军反坦克炮的交叉火力之中。硫磺岛上可供坦克通行的地带非常有限，日军充分利用地形构筑了反坦克壕和雷区。硫磺岛土质松软，很容易就能判断出哪条道路坦克可以通行或无法通行。有些反坦克壕或雷区的设置能迫使美军坦克按照特定的路线行驶，最终陷入日军反坦克炮的伏击阵地。有些地雷埋设得很深，前面的美军坦克开过去了，地雷毫无反应，后面的坦克开上来时，地雷却被压爆炸了。

1945年2月19日，陆战队第4坦克营和第5坦克营有18辆以上的坦克登陆。然而，24小时之后，能动的只剩下一半了。第4坦克营的1辆M4A3中型坦克被一式47毫米反坦克炮命中炮塔，一式穿甲榴弹引爆了坦克内的弹药，殉爆的弹药炸飞了炮塔。这辆坦克炮塔中的两名坦克兵

跟着炮塔一起飞了出去，但是其中一人居然活了下来！在另一次战斗中，美军3辆坦克在数分钟内就被日军炮火命中炮塔而瘫痪。2月23日，第4坦克营已有11辆坦克被击毁，8辆损坏，剩28辆可用；第5坦克营有11辆坦克被击毁，3辆损坏，剩34辆可用。美军坦克回收排则焦急地修理坦克，在夜间和日军的炮火下，给坦克接上履带，焊接炮弹击穿的孔洞，加注燃料，使坦克返回战场。

根据日本《大东亚战争全史》记录：1945年2月19日，日军独立速射炮第8大队的小队长中村贞雄少尉和独立速射炮第12大队的大队长早内政雄大尉亲自操炮射击。中村贞雄少尉击毁美军20多辆坦克，早内政雄大尉击毁美军数辆坦克。亦有日军文献记载，2月19日，中村贞雄少尉击毁的是美军14辆两栖装甲车。在后来的战斗中，内政雄大尉抱着炸药包冲向美军坦克，一命呜呼。《大东亚战争全史》宣称：2月26日，日军推测已有210辆美军坦克遭日军损毁或抛锚；3月17日，日军已击毁击伤美军270辆坦克。显然，这个数

字存在问题，因为硫磺岛上所有美军坦克加起来也没有这么多。如果算上美军损失的两栖装甲车和其他车辆的数字或许还差不多。

在太平洋战场的历次岛屿争夺战中，摧毁美军坦克最多的日军武器都是反坦克炮和各型火炮。只有在硫磺岛战役中，摧毁美军坦克最多的武器是日军埋设的反坦克地雷和简易爆炸装置。整个硫磺岛地雷遍布，包括埋设的航空炸弹和水雷。大部分被日军地雷炸坏的美军坦克都能在几天之内得到修复。然而，如果美军坦克碾上了水雷或227公斤航空炸弹，就会发生惊天动地的大爆炸。美军坦克或两栖装甲车会被彻底摧毁，并会炸死全车乘员。美军坦克车长英格里斯（English）的座车就撞上了这样的大爆炸。神奇的是，只有坦克驾驶员被炸死，其他乘员都安然无恙。另1辆坦克轧上了1颗带有延时引信的地雷，地雷正好在坦克车底的逃生门处爆炸，炸死了全车的乘员。

在有些战斗中，日军甚至能不动用任何反坦克炮或野战炮就能阻止美军坦克前进。日军步兵会投掷大量手榴弹，或以密集的迫击炮炮火，砸向美军坦克周围，使支援坦克的美军步兵出现伤亡。在部分行动中，美国海军陆战队的步兵甚至

会谢绝坦克的介入，以免美军坦克招来日军密集的炮火。他们宁愿使用"巴祖卡"式反坦克火箭筒、火焰喷射器和炸药艰难地清剿碉堡和洞穴。

在硫磺岛战役中，日军反坦克步兵击毁的美军坦克远少于地雷、反坦克炮和野战炮。日军自杀式反坦克步兵小组在岛上四处游荡，或隐蔽在岩缝中，背负炸药或地雷伏击美军坦克和步兵。有的日军反坦克步兵使用杆雷，企图炸断美军坦克的履带，一旦美军坦克停下来，其他日军反坦克步兵就会一拥而上。在一次行动中，美军出动了12辆坦克，其中1辆M4在距离某处洞穴3米的地方陷入了沙地。忽然，从洞穴中冲出了30-40名日军步兵，将这辆倒霉的美军坦克团团围住。令人不可思议的是，无可奈何的美军坦克兵在破坏了坦克炮和无线电设备后，居然从日军水泄不通的包围中杀了出来，撤回了美军阵地。

美国海军陆战队第4坦克营的作战报告称，日军步兵投掷的三式反坦克手榴弹是种有效的武器，尤其是用于摧毁瘫痪的美军坦克。一旦其击中目标，完全可以炸毁美军坦克车体侧面装甲。

根据日军的记录，在硫磺岛战役中，日军出现了"王牌反坦克步兵"。据称，1945年3月6日，

■ 硫磺岛战役中，美军将扫除的日军二式水雷卸掉引信并堆积一处。

■ 上图是硫磺岛之战中，第3坦克营的维修人员正在抢修一辆 M4A2 中型坦克。在战损和战场需求的巨大压力下，这些维修人员始终处于繁忙状态。

■ 下图这辆来自陆战队第4坦克营的 M4A3 的残骸，在硫磺岛战役中，其弹药殉爆炸飞了坦克炮塔。

■ 这两幅是美国海军陆战队第4坦克营C连的绰号为"乡巴佬"（Clodhopper）的M4A3中型坦克，它被日军1门隐蔽良好的一式47毫米反坦克炮所击毁。一式穿甲榴弹击穿了木制附加装甲后，又击穿了车体侧面装甲。其车体和炮塔舱盖上装有对抗日军反坦克雷的金属网。

■ 上图这辆来自陆战队第3坦克营的名为"驯鹿"（Caribou）的M4坦克在硫磺岛2号机场的战斗中被日军的反坦克炮击毁。和同在硫磺岛鏖战的第4、第5坦克营相比，第3坦克营的M4看起来光秃秃的，那是由于其缺少木制附加装甲或其他防护措施。注意其通讯天线，较为少见地位于车身前部。

■ 下图这辆这辆同属陆战队第3坦克营的名为"小日本收割机"（Nip Clipper）的M4A2坦克也在2号机场附近的战斗中被日军击毁，终结它的是日军的47毫米反坦克炮。可以看到车身侧面被反坦克炮击穿的弹孔，如果它增设了木制附加装甲或其他防护措施，可能会逃过一劫。

■ 上图是反映日军在硫磺岛2号机场阻击美军的美术作品。但是，那辆被击毁的美军坦克明显有误。从其车体右侧的坦克炮来看，这是辆 M3"格兰特／李"中型坦克，美军并没有在硫磺岛战役中使用过这种坦克。

■ 下图这辆被日军反坦克炮击毁的名为"阿斯特罗"（Astro）的 M4A3 坦克，来自陆战队第 4 坦克营 A 连，这个连在硫磺岛整场战役中，拥有最丰富多彩的迷彩伪装。

■ 上图是1945年2月，硫磺岛，"1号蓝滩"，陷入火山灰沙滩的美军 M4 中型坦克与被日军大口径火炮炸毁的 LVT 型两栖装甲车残骸。这些车辆已在炮火中还原为"零件"状态，除了报废处理，没有任何再利用价值。

■ 右图是在硫磺岛战役中，被日军大口径火炮彻底摧毁的美军 LVT 型两栖装甲车残骸，车体内部已经被炸得面目全非。

■ 下图是在硫磺岛2号机场的南端，美国海军陆战队第3坦克营，绰号为"苦恼"（Agony）的 M4A2 中型坦克被日军一式 47 毫米反坦克炮击毁。其炮塔和车体侧面装甲上有多个一式穿甲榴弹造成的弹孔。沙地的木桩上绑着的草席是日军用于练习刺刀刺杀的靶子。

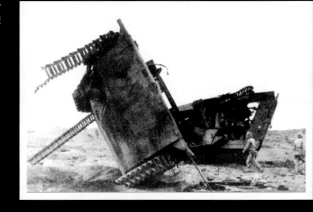

■ 上图是硫磺岛战役，美军绰号"戴维·琼斯"（Davy Jones）的M4A3中型坦克被日军八八式75毫米高射炮直接命中3次击毁，整车彻底烧毁，但车组乘员全部安全撤离。

■ 下图是硫磺岛战场上，被日军炮兵击毁的陆战队第5坦克营的一辆M4坦克正在焚烧，烈焰张天，浓烟滚滚，惨烈非常。

■ 上图是硫磺岛战役中，在标记出一个疑是雷区的地段后，3名陆战队员进行排雷，以为坦克清理出一条行进通道。

■ 下图是来自第4坦克营C连的M4A3坦克——"开罗"（Cairo），在海滩上便因为日军地雷而抛锚，其车身的木制装甲的裂痕来自日军炮火的损伤。一般来说，发现日军雷场的方法只有一个，那就是车辆碾上地雷而爆炸之时。陆战队工兵会尽快排除地雷并为部队清理出通道，但在24小时内，很多坦克会因为出现更多地雷而受损并被返修。

■ 上图是陆战队第5坦克营的M4A3坦克，它被日军埋设的227公斤航空炸弹炸瘫，车体侧面的木制附加装甲被炸飞。随后，其侧面装甲又被日军一式47毫米反坦克炮击穿，死得惨不忍睹。

■ 下图这辆在硫磺岛战役中被日军埋设的水雷彻底炸毁的M4A3坦克同样极其悲惨，变速箱被炸了出来，2个悬挂装置被炸飞，全体乘员阵亡。右图是陆战队员们正在从这辆坦克残骸中拆下可用的零部件，用于其他坦克的修复。

■ 上图这辆名为"伯爵"（Count）的 M4 因碾过日军的反坦克地雷而抛锚，而且还被日军的 47 毫米反坦克炮击中——在其车身一侧有几个明显的反坦克炮造成的弹孔。美军会把那些战损至不值得维修的坦克在原地拆解，将可用设备或零件转移至其他需要维修的坦克上；而日军士兵往往会趁夜渗透至美军不能动弹的坦克中埋伏，伺机伏击经过的陆战队员。

■ 下图这辆 M4 坦克先是压上日军地雷而抛锚，然后遭到日军迫击炮和 47 毫米反坦克炮的杀伤。可以看到，车身一侧的木制附加装甲已七零八落。

■ 上图这辆来自陆战队第4坦克营的M4在突击途中被击毁于一座日军碉堡前，从其受损状况判断，它极有可能遭遇了一个威力强大的简易爆炸装置，而且还被火焚烧过。

■ 下图这辆第4坦克营的M4A3在1945年3月被日军的地雷摧毁。从车身上看，其昵称可能为"阿拉莫"（Alamo）。

■ 上图这辆名为"开普敦"（Cape Town）的M4A3坦克来自第4坦克营，它在2号机场为陆战队员提供支援时被日军的227公斤炸弹击毁。

■ 左图和下图是同一场景的不同视角，这两辆坦克分别是来自第3坦克营的推土坦克和来自第5坦克营的M4A3，它们也是在2号机场的战斗中遭遇了日军的地雷而抛锚。

■ 上图这两辆被击毁的第4坦克营的M4坦克，同样是日军广布硫磺岛的反坦克地雷的受害者。一旦美军坦克丧失了行动能力，日军会采用一切手段，包括各式火炮、迫击炮、直射武器，甚至是自杀性袭击，来对坦克进行彻底破坏和杀伤坦克乘员。

■ 下图是硫磺岛之战中，一辆第5坦克营的M4A3坦克被日军地雷毁伤抛锚，其车尾的洄渡装置已经千疮百孔。美军许多坦克遭遇类似情况后，即使无法动弹，也会作为固定炮台而继续开火。也是由于如此，日军会继续采用一切手段彻底破坏美军坦克或杀伤车组乘员。

在硫磺岛362C高地的战斗中，日军大谷道夫少尉使用爆破炸药炸瘫了美军2辆M4中型坦克。然后，他钻进了其中1辆瘫痪的坦克，操作坦克炮与其他美军坦克对射，并在此击毁1辆M4中型坦克。大谷道夫少尉因此受到了嘉奖。这个战例实在令人难以置信，但是日本帝国陆军官方文献上对此进行了记载，因此现在有很多日本人相信这件事是真的。只不过，硫磺岛上幸存下来的日军官兵中没有大谷道夫少尉，此人最后的结局不得而知。

当然，这个战例存在颇多疑点。日军从未缴获过美军的M4坦克，对其内部构造不甚了解。在被炸瘫的坦克中，他需要独自完成旋转坦克炮塔，调整火炮水平和仰俯角度进行瞄准，以及装弹和射击的任务。大谷道夫少尉是如何做到对陌生武器装备上手即用的？M4的标准弹药配置为70%的榴弹、20%的穿甲弹和10%的白磷烟雾弹，他如何知道储备的弹药中哪个炮弹是穿甲弹？

根据美军战史记录，1945年3月6日，硫磺岛上的美军只损失了3辆坦克。这确实与日军战史记录中大谷道夫少尉击毁了美军3辆坦克的记录相互吻合。然而，在美军战史记录中，这3辆

■ 上图是日军硫磺岛战役战史中记录的"王牌反坦克步兵"——大谷道夫少尉。

■ 下图这辆在硫磺岛战场上的陆战队第5坦克营的M4A3坦克同样因为压到了日军地雷而抛锚。

■ 这辆隶属于第5坦克营的"火炬"号（Torch）M4A3喷火坦克，是在机动消灭日军阵地时，意外压塌了一个日军碉堡的屋顶而导致抛锚。

坦克的损失却另有原因。

美国海军陆战队惠特曼·巴特利中校（Whitman Bartley）编著的《硫磺岛：两栖登陆史诗》（Iwo Jima：Amphibious Epic）记述：1945年3月6日，早晨8时，美军对日军最后的防线发起进攻。上午9时，陆战队第3师第21团第1营，穿过第3营的阵地，协同陆战队第3师第9团和陆战队第4师突破了日军在362C高地周围的防线。在发起进攻之前，美国海军的舰炮和陆战队炮兵已经进行了巨量的炮火准备，但第21陆战团第2营的正面和左翼还是遭到了日军密集的轻武器和自动武器的射击，美军攻势陷入停滞。受限于糟糕的路况，美军坦克在此区域的行动非常少。美军坦克在满是地雷并由日军反坦克炮火力覆盖的道路上艰难地前进，辛勤的推土坦克和装甲推土机要在岩石中开辟出新路线。第3坦克营C连负责支援第9陆战团，2辆M4A2中型坦克轧上了地雷，履带损坏，1辆M4A2中型坦克被日军一式47毫米反坦克炮击中，3名坦克兵阵亡，3名坦克兵受伤。

■ 硫磺岛战役中，这两辆第5坦克营的M4A3在抢滩登陆之时被日军布设的地雷毁伤抛锚。

在硫磺岛战役中，美军投入了150辆M4A2和M4A3坦克，有30%被日军彻底摧毁而无法修复。陆战队第3坦克营的49辆M4A2中，有15辆遭到彻底摧毁。第4坦克营的作战报告称：M4中型坦克极易遭到一式47毫米反坦克炮、野战炮、九九式磁性反坦克雷和三式反坦克手榴弹的打击而损毁。在硫磺岛战役之初，第4坦克营有56辆各型坦克。其中，有38辆坦克曾撤回进行修理，11辆被彻底摧毁，只有7辆完好无损。美军装甲推土机、推土坦克和指挥坦克的损失非常多。指挥坦克有2根天线，因此日军很容易就能认出它们，并用密集的炮火对其进行轰击。

■ 上图是硫磺岛战役中陆战队第5坦克营的一辆名为"流浪汉"（Tobo）的M4A3坦克，它也因日军地雷而抛锚，一辆M32B2型坦克回收车正将其回收以修复。

■ 下图这辆M4同样来自第5坦克营，它在硫磺岛战场上被日军的反坦克炮击穿，在其后方是该辆坦克的车组乘员，正在保卫受损的坦克。一般被击伤的坦克，美军会迅速将其回收、维修，并在24小时内重返战场。

冲绳岛

　　1945年4月1日，冲绳战役打响。尽管与广袤的太平洋相比，冲绳岛仍然是沧海一粟，但它却比硫磺岛大得多。硫磺岛只有22.16平方公里，冲绳岛达到2249平方公里，是硫磺岛的100多倍。在第二次世界大战的太平洋战场上，冲绳战役是日军反坦克作战的最高峰。日军将反坦克炮与各种火炮的隐蔽战术发挥到了极致，以弱敌强，击毁了大量美军坦克。同时，在湿热、多雨、泥泞、丛林密布和山地崎岖的环境中，美军装甲兵发挥了巨大作用，成了战役胜利的决定性力量。无论是美军的坦克战还是日军的反坦克战，冲绳战役都可以作为经典范例。

兵力对比

　　进攻冲绳岛的是美军第10集团军，下辖陆军第24军和海军陆战队第3军，共8个师。

　　美军投入的装甲兵包括：

　　陆军第193坦克营（配属第27步兵师），第710坦克营，第711坦克营（配属第7步兵师），第706坦克营（配属第77步兵师），第713喷火坦克营，第763坦克营（配属第96步兵师）。每个坦克营下辖3个坦克连，每个坦克连装备17辆M4A3中型坦克，营部则装备3辆；每个坦克连下辖3个坦克排，每个坦克排装备5辆坦克，连部装备2辆。第713喷火坦克营装备54辆M4A1喷火坦克，其中B连则负责支援海军陆战队。

　　美国海军陆战队第1坦克营（配属第1陆战师），装备M4A2中型坦克；第6坦克营（配属第6陆战师），装备M4A3中型坦克。每个坦克营下辖3个坦克连，每个坦克连装备15辆坦克，营部装备1辆坦克，每个连部装备2辆坦克。

　　美国陆军3个两栖坦克营与陆战队2个两栖装甲车营，每个营下辖4个连，每个连装备18辆装有75毫米榴弹炮的LVT（A）-4型两栖坦克。陆军6个两栖装甲车营与陆战队5个两栖装甲车营，每个营下辖3个连，每个连装备30辆LVT-3型两栖装甲车或LVT-4型两栖装甲车。在冲绳战役中，美军共投入290辆两栖坦克和872辆两栖装甲车。

■ 冲绳战役时，在泥泞中行军的美军第77步兵师的一队士兵，一旁是因天气而无法动弹的装甲车辆。在这场战役中，即使地形气候等环境因素的限制，美军的坦克装甲战斗车辆仍旧发挥了巨大作用。而恶劣的环境因素也为日军的反坦克战创造了便利条件。

■ 上图是冲绳战役时期，来自美军第713坦克营的M4坦克的彩色涂装，这辆M4装备的是105毫米榴弹炮。可以看到，这辆坦克涂掉了车身上的白星标志和昵称，就连炮管上的昵称也没留下，以防止目标明显而成为日军反坦克炮的打击对象。

■ 下图是冲绳战役中，陆战队第1坦克营装备的M4A2坦克的彩色涂装，车身颜色为土红和土黄色。车身和炮塔上还加焊了坦克履带以提高其装甲防护性能。

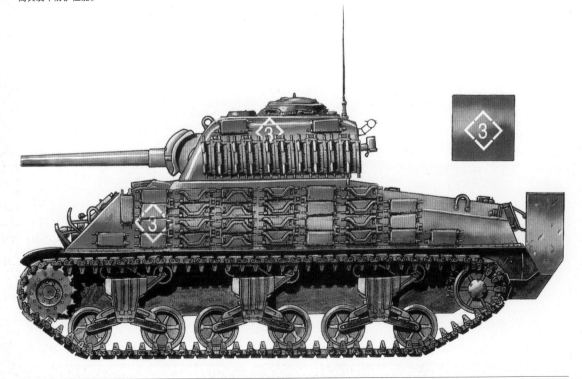

上图是1945年4月1日,冲绳战役打响后,美军第1两栖装甲车营的 LVT(A)–4 型两栖装甲车向"红滩"发起抢滩登陆战斗。

下图是1945年4月的冲绳战场，美军第713坦克营的 M4喷火坦克（近）与装有105毫米榴弹炮的火力支援型 M4 中型坦克在山脊后方休整。为了应对日军一式47毫米反坦克炮的威胁，美军坦克兵已经将车体侧面显眼的白星标志涂掉了。

冲绳岛南部的海岸，美军第713坦克营的M4喷火坦克正在向日军步兵藏身的洞穴喷射火焰。

陆军步兵师，其下辖的每个步兵团都配有1个自行加农炮连，装备6辆M7型105毫米自行榴弹炮。海军陆战师，其下辖的每个陆战团都配有1个武器连，下辖1个装备4辆M7型105毫米自行榴弹炮的自行火炮排。冲绳战役中的美军作战序列中没有坦克歼击车营，但第77步兵师第306步兵团团属反坦克炮连装备了M18坦克歼击车。

据守冲绳岛的日军为牛岛满中将指挥的陆军第32军，以及海军和航空兵。第32军包括：

第24师团，下辖步兵第22、第32、第89联队；每个联队包括3个步兵大队和1个装备4门四一式75毫米山炮的联队属炮兵中队；每个步

■ 上图是1945年5月在冲绳的那霸市作战的陆战队第1坦克营的M4A2中型坦克群。美军坦克兵将备用履带焊接在炮塔和车体侧面，对抗日军一式47毫米反坦克炮和各型反坦克雷。

■ 下图是1945年5月11日在冲绳的首里前线，美军第77步兵师第306步兵团反坦克炮连装备的M18坦克歼击车向日军开火。

■ 下图是1945年5月在冲绳岛上的陆战队第1师的M7型105毫米自行榴弹炮。

兵大队配属1个装备8挺九二式7.7毫米重机枪的机枪中队、1个装备4~6门九四式37毫米反坦克炮的速射炮中队、1个装备4门九二式70毫米步兵炮的步兵炮中队；其中步兵第3大队以装备4门九七式81毫米迫击炮替代了步兵炮中队；野战炮兵第42联队，装备12门四式150毫米榴弹炮、16门九一式105毫米榴弹炮和8门九五式75毫米野战炮。

第62师团，下辖步兵第63旅团和第64旅团，每个步兵旅团下辖4个独立步兵大队；每个大队1080人建制，下辖5个步兵中队、1个8挺九二式7.7毫米重机枪的机枪中队和1个装备4门九二式70毫米步兵炮的步兵炮中队。1945年1月开始，每个步兵旅团又接收了1个683人建制的加强独立步兵大队，下辖3个步兵中队、1个装备8挺九二式7.7毫米重机枪的机枪中队和1个装备2门九二式70毫米步兵炮的炮兵小队。步兵第62师团没有师团属炮兵。

第44独立混成旅团，下辖第15独立混成联队和步兵联队级规模的第2步兵队。第15独立混成联队和第2步兵队组织结构相同，各自下辖3个步兵大队、1个装备4门四一式75毫米山炮的联队属炮兵中队、1个装备4~6门九四式37毫米反坦克炮的速射炮中队；每个步兵大队700人建制，

■ 冲绳岛日军要塞内的十四式105毫米加农炮。经过伪装之后，这样的炮位非常难以发现。

■ 冲绳岛上，退守坑道中的日军八九式150毫米加农炮。

下辖3个步兵中队、1个装备8挺九二式7.7毫米重机枪的机枪中队、1个装备4门九二式70毫米步兵炮的步兵炮中队。旅团属炮兵队，一说装备九一式105毫米榴弹炮，一说装备8门九〇式75毫米野战炮、8门四式150毫米榴弹炮和8门一式37毫米反坦克炮。

冲绳岛日军建制较大的步兵大队下辖1个武器排，装备2挺九二式7.7毫米重机枪和2支九七式20毫米反坦克枪。

冲绳方面海军根据地队，下辖15个岸防炮中队，装备三式120毫米岸防炮和三式140毫米岸防炮；4个高射炮中队组成的防空集群，共装备20门一〇式120毫米陆基高平两用舰炮、77门九六式25毫米高射机关炮和60挺九三式13.2毫米高射机枪；海军2个工程建设队，下辖1个装备18门三式81毫米迫击炮的迫击炮中队。

日军第5炮兵司令部，由和田孝助中将指挥，下辖冲绳岛上的各个独立炮兵部队：

野战重炮第1联队，装备12门九六式150毫米榴弹炮；野战重炮第23联队，装备24门九六式150毫米榴弹炮；重炮第7联队，装备2门加式120毫米速射加农炮和12门三八改式75毫米野战

炮；独立重炮第100大队，装备8门八九式150毫米加农炮；独立臼炮第1联队，装备24门九八式320毫米臼炮，6门九七式90毫米迫击炮；独立迫击炮第1大队和第2大队，共下辖8个独立迫击炮中队，共装备96门九七式81毫米迫击炮。

独立速射炮第3、第5、第7、第22大队，以及独立速射炮第23中队和第32中队，共装备54门一式47毫米反坦克炮。

第47、第48、第49特设机关炮队，装备九六式25毫米高射机关炮；机关炮第103大队、第104大队和第105大队，共装备54门九八式20毫米高射机关炮；独立高射炮第27大队，以及野战高射炮第79、第80大队和第81大队，每个大队装备18门八八式75毫米高射炮，4个大队共装备72门八八式75毫米高射炮。

战车第27联队，共装备有12辆九五式轻型坦克、14辆九七改式中型坦克和4门九〇式75毫米野战炮。

日军反坦克战术

在冲绳战役打响之前，日军从以往的岛屿争夺战中总结经验认为，美军坦克将在冲绳战役中扮演中枢角色。日军第32军发布的作战守则显示，"与美军作战，就是在与美军的M4型坦克作战。"日军在冲绳岛上的防御体系建立在"盟军的战斗力量依赖于他们的坦克"这样的论点之上。美军认为，至少日军在冲绳战役中的反坦克战术是比较系统的。

日军反坦克战的计划包括全面地进行准备，使用各型武器、地雷和反坦克障碍封锁冲绳岛上的重要道路。日军各型37毫米反坦克炮对美军M4中型坦克都无效，一式47毫米反坦克炮在战术得当的情况下才能有效。日军明确规定，要等到美军坦克开到非常近的距离，反坦克炮才能开火。这样可以保证一击即中，保证可以击穿坦克装甲。美国海军陆战队坦克营的报告显示，冲绳岛上的日军一式47毫米反坦克炮通常在182.88

■ 1945年5月18日在冲绳的"甜面包"高地。战斗结束后，美军摄影师在日军一式47毫米反坦克炮炮位上拍摄，其射界内散布着被侧后方火力击毁的美军坦克和两栖装甲车。

米 −548.64米距离上射击美军坦克侧面装甲、行走装置，甚至后部装甲；在日军反坦克炮开火之前，美军坦克兵和步兵都无法发现其存在；一旦日军反坦克炮开火，那么在1097.28米之外就能看见它们的炮口闪光；日军反坦克炮兵的射速极快，在一次战斗中，1门一式47毫米反坦克炮在10秒内就发射了6−8发炮弹，且弹无虚发。更有甚者，有些日军反坦克炮会等到美军坦克接近至

■ 上图是1945年5月在冲绳的大名溪谷被美军喷火坦克摧毁的日军一式47毫米反坦克炮，一旁是被烧成焦炭的日军炮兵。

■ 下图是硫磺岛战役时期，陆战队第1坦克营的一队 M4A2 坦克，可以看到，这些坦克车身上都带有大捆木材，这是用于填充日军反坦克壕沟。冲绳的日军工兵通常会在阵地前精心构筑反坦克陷阱，引诱美军坦克进入反坦克炮和地雷构筑的"死亡地带"。

45.72米距离时再开火。日军一式47毫米反坦克炮通常都布设于洞穴、碉堡或炮垒中，反坦克炮阵地之间能够相互支援，能够对美军坦克形成侧射，甚至打击美军坦克后部装甲。藏有日军反坦克炮的洞穴，接近洞口的区域都有武器掩护。

美军认为，日军判断地形的能力是非常优秀的。冲绳岛上的日军精于使用各种反坦克战术，限制美军坦克的机动，或迫使美军坦克只能开往特定的区域，最终陷入日军的预设反坦克阵地。日军对不太重要的道路都进行了爆破破坏；伪装良好的反坦克壕不再是传统意义上的壕沟，而是更趋向于陷阱化；桥梁一如既往地被炸毁；树木被砍倒，从而迅速地形成迟滞性的障碍。日军反坦克阵地通常埋伏有反坦克炮、野战炮和高射炮，迫击炮火力能够覆盖整个区域，布设的混凝土反坦克障碍也比其他区域更多。一旦美军坦克陷入日军伏击阵地，日军将使用各型火炮、迫击炮和轻武器同时打击美军坦克和步兵。如果遭遇美军坦克的日军没有火炮，或者火炮没能击毁美军坦克，日军的对策就是使用轻武器和迫击炮赶走美

■ 右图是冲绳战役中，正遭到日军重炮轰击的美军 M4 中型坦克。

■ 下图是 1945 年 6 月 4 日在冲绳岛上，美军第 382 步兵团冒着日军炮兵的火力，与 M4 中型坦克协同作战。

军坦克身边的美军步兵。

　　第 24 师团的伊藤公一大尉认为，使用轻型迫击炮向美军坦克开火，也可以迫使其撤退。他的理由是，美军坦克兵无法判断落在坦克周围的究竟是迫击炮炮弹，还是威胁更大的大口径榴弹炮炮弹。然而，这个说法属于"自作多情"。美军坦克会被日军迫击炮击退的原因，是伴随美军坦克的步兵禁受不住这样的轰击而不得不撤退，美军坦克失去了步兵的保护，也就只好撤退。实际上，冲绳岛上的日军装备不少大口径榴弹炮和加农炮，

但是前线的日军缺乏足够的无线电设备，所以他们无法召唤足够的远程炮火用弹幕打击、覆盖或者遮断美军坦克。除非美军坦克恰好开到了日军榴弹炮和加农炮的直射区域，否则日军远程火炮很少有能打击美军坦克的机会。

　　一旦美军坦克和步兵脱节，日军反坦克步兵就会发起近距离攻击。日军非常注意使用各型武器协同支援反坦克步兵的进攻，步兵炮、迫击炮、掷弹筒和轻重机枪将专门打击伴随美军坦克的步兵。日军作战守则规定，当这些武器停止射击 15

■ 上图是美军在冲绳战役中缴获的日军弹药：弹药箱中最多的是八九式50毫米掷弹筒的榴弹，上方的弹药箱里有2颗九三式反坦克地雷，下方的弹药箱里有1颗三式反坦克手榴弹，弹药箱右边是1颗二式水雷。

■ 下图是1945年6月16日在冲绳岛上，美国陆军第711坦克营A连名为"天使"（Angel）的M4A3坦克的履带受损，车组乘员正冒着日军狙击手的危险更换受损的履带。

秒后，反坦克步兵就会对美军坦克发起进攻。在部分战斗中，日军可以高度完美地完成这种协同进攻。日军反坦克步兵使用刺雷、杆雷、爆破筒、炸药包、反坦克地雷、磁性反坦克雷和反坦克手榴弹等。日军反坦克步兵的大部分武器只能毁坏M4的履带或负重轮，从而使美军坦克丧失机动能力，只有少数几种威力足够炸坏其车体装甲。在冲绳岛的城镇巷战中，一旦美军坦克被障碍挡住去路，日军反坦克步兵就会在炮火的掩护下发起自杀式反坦克攻击。

　　丧失了机动能力的美军坦克是日军的重点攻击目标。伊藤公一大尉认为，最理想的日军反坦克战术，是日军步兵使用炸药包或反坦克地雷将美军坦克炸瘫，然后优哉游哉地用莫洛托夫鸡尾酒燃烧瓶将其烧毁。在战斗中，美军坦克兵会匆忙抛弃丧失了机动能力的坦克，希望夜幕降临之后再回收这些坦克。日军工兵会设法在夜幕降临之前摸到这些坦克附近，在其内部安放炸药进行爆破。有时，日军会在瘫痪的美军坦克周围埋设地雷，尤其是会在美军可能进行拖拽的方向埋设地雷。一旦美军坦克回收车中雷，日军就有了

■ 上图是冲绳战场上，一辆 M4 坦克因中雷抛锚，正在等待救援。

■ 上图是 1945 年 5 月 29 日，冲绳战役中，这名背着地雷欲与美军坦克同归于尽的日军"肉弹"，还未靠近坦克便被击毙。

■ 下图是 1945 年 6 月在冲绳，美军工兵正在移除日军作为反坦克地雷埋设的二式水雷。

可以伏击美军坦克回收车的机会。有时，日军步兵会将地雷布设在美军坦克留下的履带车辙下面，希望美军坦克再次通过这条路线，从而轧上地雷。

日军战俘供述，日军有步兵师团的搜索队抽调 100 名士兵组建了执行自杀式反坦克任务的独立反坦克中队。他们背负炸药包，渗透进美军防线，或者滞留于隐蔽位置，在最出乎美军意料的时候

■ 冲绳岛上的日军步兵自杀性反坦克战术：隐蔽在散兵坑里，等美军坦克接近后，以炸药包或地雷与之同归于尽。

发起突袭。每个日军步兵小队中也有部分步兵执行此类任务。更为极端的反坦克战术与缅甸的日军很相似，日军步兵蹲在伪装好的散兵坑里，当美军坦克轧上来时，他就引爆背着的炸药包，从坦克薄弱的底部装甲处将其炸毁。

美军认为，日军在冲绳岛上对反坦克地雷的使用，要远优于之前任何战役中的日军。尤其是通往桥梁、洞穴和防御工事的道路，日军都会埋设地雷。美军作战报告显示，日军在冲绳岛上至少布设了一处电控雷区。临近机场的日军雷区通常都有章可循，但是最常见的还是无规则的零散雷区。有一个日军反坦克雷区中埋设的都是二式水雷，还有一个雷区埋设的都是 227 公斤航空炸弹。日军经常将地雷伪装于植物下面，但也有弄

巧成拙的时候。日军在一片卷心菜地埋设地雷，将卷心菜作为伪装物。日军将卷心菜割断，在其下面埋设地雷。被切割过的卷心菜没多久就凋零枯萎了，地雷也就暴露了。

美军反洞穴／碉堡战术与日军反坦克战术很相似。美军先用火炮直射日军洞穴口，迫使日军炮兵退回到坑道里，坦克和步兵随即压上去，用火炮、火焰喷射器和轻武器将洞穴附近掩护洞口

的日军步兵赶回洞穴。接下来，美军步兵迫近洞口，使用火焰喷射器、爆破炸药，甚至灌入汽油，敲掉这些洞穴和碉堡。美军第10集团军总司令巴克纳中将称这种战术为"吹灯拔蜡"（blowtorch and corkscrew）。实战中的效果就是，在双方猛烈的炮击下，双方步兵激烈交火，哪方步兵能够接近对方的"坚固堡垒"（坦克或洞穴碉堡），哪方就能取胜。

■ 左图是在冲绳岛的小禄半岛上，日军借助山洞和墓穴修筑的防御工事。这种工事在冲绳岛上屡见不鲜，让美军吃尽了苦头，而火焰喷射器是其清除洞穴的绝好武器。

■ 下图是美国海军陆战队士兵正在协同M4喷火坦克进攻日军踞守的洞穴。

嘉数高地之战

如果说冲绳战役是日军在第二次世界大战中反坦克战的最高峰，是以弱敌强的典范，那么嘉数高地之战就是这次最高峰中最成功的一场反坦克战。

对于一场完胜而言，要么是因为胜方打得太好，要么是因为败方打得太烂，而嘉数高地之战则兼而有之。对于美军的坦克突击，日军早有准备，精心构筑了反坦克伏击阵地，等着美军坦克往里钻，从而打一场瓮中捉鳖的战斗。

嘉数高地，美军称为"Kakazu Ridge"。有些嘉数高地之战的简介表示，美军坦克在嘉数高地之战中的失败，是因为日军火力切断了美军的坦步协同，从而导致美军坦克陷入日军包围。实际上，这种说法是不够准确的。坦步协同的前

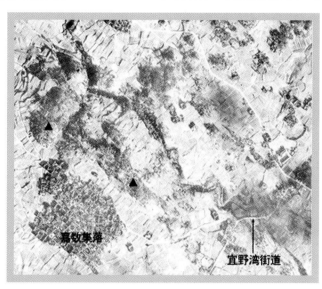

■ 1945年1月冲绳战役前美军拍摄的嘉数地区航空照片，"嘉数集落"就是嘉数村。

提是坦克与步兵之间确实进行了协同作战。然而，嘉数高地之战中的美军坦克和步兵之间并没有"协同"可言。或者说，当天美军坦克与步兵的关系根本谈不上是"坦步协同"。

1945年4月5日，嘉数地区日军编制如下：

日军步兵第62师团：

步兵第63旅团独立步兵第13大队，原宗辰大佐指挥，下辖5个步兵中队，1个机枪中队，共1233人；独立步兵第23大队，山本重一少佐指挥，下辖5个步兵中队，1个机枪中队，共1233人；独立步兵第272大队，下田直美大尉指挥，下辖3个步兵中队，1个机枪中队，共683人；独立步兵第

273大队，楠濑一珍大尉指挥，下辖3个步兵中队，1个机枪中队，共683人。

师团属工兵联队一部。

机枪第4大队，陶山胜章少佐指挥，实际参战为第1中队。

独立速射炮第22大队，高桥岩大尉指挥，实际参战为第3中队第1小队，装备2门一式47毫米反坦克炮。

独立迫击炮第2大队，下辖4个中队，每个中队装备12门迫击炮，共48门迫击炮。

独立臼炮第1联队，入部兼广中佐指挥，实际参战为1个臼炮中队，装备8门九八式320毫米臼炮。

独立野战高射炮第81大队，实际参战为2门八八式75毫米高射炮。

独立重炮第100大队，野战重炮第23联队第1大队，野战重炮第1联队。

1945年4月7日，美军与日军就在嘉数地区爆发了一系列争夺战。战至4月19日，嘉数地区的独立步兵第13大队只剩下了三分之一的兵力；独立步兵第272大队，大队长以下多数阵亡，余下人员不足1个步兵中队，实际作战能力不足1个步兵小队；独立步兵第273大队只剩下半数兵力，实际作战能力相当于1个步兵中队；独立步兵第23大队前来增援，但缺编2个步兵中队。

美军认为：1945年4月19日，美军发起进攻之前，在嘉数－浦添－恩纳山崖地区，有大量日军进行了重组。据守当地的几个步兵大队已经被

美军打得支离破碎，日军将剩余的1400名官兵混编在了一起。除了上述兵力之外，还有日军独立步兵第12大队、独立步兵第15大队和独立步兵第21大队进行支援。

日军早就料到，在西原高地和嘉数高地之间，美军会发动以坦克为先导的进攻，对日军防线发起突破。因此，日军精心准备了防御。整个作战计划的重点就是如何分割美军坦克和步兵之间的协同——尽管，实际上美军并不存在这种"协同"。

日军独立野战高射炮第81大队装备的2门八八式75毫米高射炮瞄准西原高地和嘉数高地之间的5号公路，独立臼炮第1联队的8门320毫米臼炮已经瞄准了西原高地和嘉数高地之间山口，独立迫击炮第2大队的48门81毫米迫击炮将在后来的战斗中对压制美军步兵起到巨大的作用。

美军认为，在嘉数高地之战中，日军部署了4-5挺重机枪，3门四一式75毫米山炮。实际上，日军部署了8挺重机枪，9-10挺轻机枪，2门九二式70毫米步兵炮，2门四一式75毫米山炮。日本人认为，这样的防线，"没有任何美军步兵能过去"。

独立速射炮第22大队是嘉数高地之战中日军反坦克战的主力。然而，实际参战的只有速射炮第3中队第1小队的2门一式47毫米反坦克炮。1945年4月5日，在85高地之战中，高桥岩大尉指挥独该大队的12门一式47毫米反坦克炮正面迎击来袭的美军坦克。在激战中，配属美军第96步兵师的第763坦克营以损失3辆M4坦克为代价，击毁日军10门反坦克炮。整个大队的反坦克炮几乎损失殆尽。事实证明，一式47毫米反坦克炮难以正面对抗M4坦克。于是，日军将剩下的2门反坦克炮部署在5号公路侧面的山丘上，间距50米。为了使反坦克炮炮兵可以遵照指挥官的命令在适当的距离和时机开火，日军还在两个反坦克炮阵地之间连接了电话线。85高地之战结束14天之后，日军独立速射炮第22大队将报一箭之仇。

1945年4月19日，美军第27步兵师开始攻打嘉数高地和西原高地周边的日军阵地。当天凌晨，在夜幕的掩护下，第106步兵团第1步兵营和第2步兵营穿过牧港湾，于黎明之前在浦添—恩纳山西端建立防线。当天早晨6时，第106步兵团第3步兵营从嘉数以西出发，在友军发起总攻后穿过牧港湾。第3步兵营的任务是爬上浦添－恩纳山，在第1步兵营和第2步兵营之间的山顶上建立防

■ 这是冲绳战役中嘉数高地的局部场景。

线，其侦察连在整个山的最右端。第105步兵团第1步兵营面向嘉数高地的山脊进行部署，负责对日军据守的嘉数高地进行突击。C连在左，紧挨着宜野湾－首里的公路，向西依次是B连和A连。根据最初的作战计划，A连为预备队。

这里就不得不提到美军所谓的"作战计划"——美军坦克将"联合步兵"，对嘉数高地进行"扫荡式进攻"。强大的美军坦克将撕破日军防线，将其彻底打垮。

这难道就是常规的"坦步协同"战术了？

完全不是！

在此次突击行动中，美军异想天开地创造出了"全新"的"坦步协同"战术。根据作战计划，第105步兵团第1步兵营将从正面进攻嘉

■ 冲绳战役中美国陆军第193坦克营C连装备的M4A3中型坦克。

数高地山脊上的日军防线；第193坦克营将从嘉数高地以东，也就是嘉数高地和西原高地之间的山口处突入日军防线，然后向西迂回，对嘉数高地山脊形成包抄。当美军坦克开到嘉数高地背后的嘉数村时，美军步兵将"潮水般"漫过嘉数高地，推平高地山脊上的日军防线，与山脊背后的美军坦克会合。听起来，这是多么完美的计划啊！

然而，这根本不是什么"坦步协同"。在坦步协同作战中，步兵要伴随在坦克身边，负责坦克不受到敌军反坦克步兵的近距离攻击，使用轻武器压制和消灭发现的敌军反坦克炮，坦克负责摧毁对己方步兵产生严重威胁的机枪和碉堡。在此次突击行动中，所谓的"联合作战"，只不过是步兵打步兵的，坦克打坦克的。看起来二者目的地

一致，但实际上却根本没有协同可言。这种花哨的战术注定要失败。美军制定的作战计划太天真，如何确定向山脊正面发起冲锋的美军步兵一定能够拿下高地呢？一旦步兵的进攻失败，突入日军防线的美军坦克岂不是无人接应？美军坦克会不会因此而陷入重围？

1945年4月19日早晨7时30分，美军第27步兵师第105步兵团第1营准时发起进攻。50分钟后，美军步兵抵达嘉数高地正面地带的最东端和中央。8时23分，美军先头部队开始穿越距离嘉数高地正面182.88米处的开阔地。当美军进至一块开阔的洼地时，日军机枪和迫击炮火力如暴风骤雨般砸过来。美军步兵出现伤亡，后续兵力也因日军火力的阻断而无法接近被压制在旷野上的美军。整个嘉数高地的顶峰和山鞍部的西坡都闪耀着日军枪炮喷射的火焰。

8时30分，美军坦克和自行火炮以3-4条纵队的阵型向嘉数高地开去。美军出动了30辆坦克和自行火炮：第193坦克营A连的17辆M4A3中型坦克和1辆105毫米榴弹炮型M4中型坦克，所有坦克的行走机构都装有25.4毫米的附加装甲进行加固，6辆M4装有火焰喷射器；第713喷火坦克营B连第1坦克排的5辆M4A1喷火坦克；第193坦克营营部连的2辆指挥坦克，A连、B连和C连各抽调了1辆喷火坦克进行加强；1个装备M7型105毫米自行榴弹炮的突击炮排。

滚滚而来的美军装甲纵队气势汹汹地杀到嘉

数高地和西原高地之间的山口，就出师不利。在翻山越岭的过程中，1辆M4A3翻下了山坡，倒扣在了地面上。随后，1辆喷火坦克和1辆M4A3压上了地雷，瘫痪在了原地。为了避免继续触雷，美军装甲纵队开下道路，变成长蛇般的一路纵队沿着5号公路行驶。这样的阵型使日军反坦克炮抓到了绝佳的战机，因为美军坦克的侧面装甲完全暴露了出来。

9时20分，西原高地上的日军一式反坦克炮向美军坦克开火。在200-300米的距离上，16发一式穿甲榴弹接连命中美军坦克侧面装甲，2辆M4A3和2辆喷火坦克被击毁或打瘫。美军突击炮排的M7"牧师"式105毫米自行榴弹炮发现了目标的位置，用猛烈的火力击毁了1门反坦克炮。

慌不择路的美军装甲纵队像无头苍蝇一样在日军防线上乱撞。美军尝试寻找一条在航空照片上显示能通向嘉数高地的模糊小径，结果居然迷路了！在此期间，日军一式反坦克炮再次击毁了1辆美军坦克。像"土拨鼠去南极"一样"根本找不着北"的美军装甲纵队终于在高草之中发现了一条小路，"貌似"可以通向嘉数村，于是就"撸胳膊挽袖子"地杀奔而去。美军坦克一路枪炮齐鸣，开着开着发现——咦？不对！这条路也走错了！只好原路返回，接着找路。等美军找到正确的道路时，已经折腾到当天上午10时了。

美军装甲纵队在日军防线后急得团团转，嘉数高地正面的美军步兵也好不了哪去。在日军的火力压制下，美军第105步兵团第1营抬不起头。作为预备队的第1营A连派出由34人组成的步兵排前往支援。然而，他们的一举一动都在日军眼皮底下，处于隐蔽中的日军并没有向这些美军步兵开火，而是将其放进了嘉数高地，等待他

■ 美军第193坦克营A连出发地今日景象，A处为旧宜野湾街道，B处为嘉数高地。

们进入伏击圈。当美军步兵走到嘉数村最北端的时候，日军开火了。当天白天，这34人中没有任何人撤回到美军阵地。真正被日军击毙的并不多，大部分人都活了下来。他们被日军分割成几个部分，东躲西藏地隐蔽在瓦砾和墓穴里。当天夜里，6个美军士兵蹒跚地摸回了美军阵地；还有17人在第2天狼狈地跑了回来；超过2人直到4月25日嘉数高地之战完全结束才获救；总共8人阵亡，其他人重伤。当天上午9时07分，就在美军第105步兵团第1营止步不前时，第2营得到了"向宜野湾-首里公路一线施压"的命令。第2营营长跳过一段低矮的石墙，前往正对着嘉数高地的开阔地进行侦察，结果被日军连续命中4弹。12时25分，第2营发起进攻，但仍无功而返。

没有步兵支援，也没看见"潮水般的美军步兵"漫过嘉数高地，美军坦克只能硬着头皮突入嘉数村。在这里，美军装甲兵与日军反坦克步兵爆发了激烈的战斗。日军狙击手专门狙杀露头出来进行观察的美军坦克车长，导致美军坦克兵只能关上舱盖，通过观察孔缝了解车外情况。坦克里本来就视野狭小，村庄的建筑物又遮挡了美军坦克兵的视线，再加上日军步兵不断投掷烟雾手

■ 1945年4月19日，冲绳，没有步兵掩护的美军第193坦克营A连在嘉数高地陷入日军重围。

榴弹，使美军坦克完全无从发挥火力和射程优势。

此时，美军装甲纵已经慌不择路了——有的从嘉数村中穿过，有的从嘉数村周围绕过，并惊慌失措地四处开火。在上午10时之后的3个半小时里，整个嘉数高地几乎都被美军坦克的火力烧焦了。然而，这种毫无选择性地毁灭并不能拯救美军装甲纵队的命运。他们陷入了由日军的反坦克伏击阵地中。

在烟幕的掩护下，日军反坦克步兵携带九九式磁性反坦克雷或10公斤型简易空心装药雷，向美军坦克发起突击。日军八八式75毫米高射炮、四一式75毫米山炮和一式47毫米反坦克炮击毁了美军4辆坦克；1辆坦克或自行火炮陷入泥沙而抛锚，被乘员遗弃；营作训官的坦克两次遭到日军步兵三式乙型地雷的进攻，最后压上了埋设状态的二式水雷，剧烈的爆炸将坦克炸瘫；8辆坦克和自行火炮被日军埋设的各型反坦克地雷炸断了履带而丧失机动能力。在这8辆坦克中，至少有6辆

坦克遭到了日军反坦克步兵的近距离攻击。悲惨的一幕发生了：日军反坦克步兵蜂拥围住瘫痪的美军坦克，用磁性反坦克雷或者简易空心装药雷炸毁坦克；或者进行"跳梁"攻击，爬上美军坦克，强行撬开舱盖，将手榴弹扔进坦克内，炸死美军坦克兵；甚至用手枪对准美军坦克的观察孔缝开枪。由于没有步兵支援，瘫痪的美军坦克对日军反坦克步兵毫无抵抗力，只能任人宰割。位于战线后方的第27步兵师无线电台中都传出了坦克兵的呼救声，他们绝望地喊着："救命！救命！"

下午13时30分，战局已经很明朗了。美军步兵无法突破日军防线，也就无法到达美军坦克据守的嘉数村，只能命令装甲纵队撤回。美军出动的30辆坦克和自行火炮中，只有8辆返回了出发阵地。第193坦克营的18辆和自行火炮，第713喷火坦克营的4辆喷火坦克，成了这场悲剧的牺牲品。对于首次参战的第713喷火坦克营来说，这无异于遭到当头一棒。这22辆坦克和自行火炮

中，有 2 辆损失于恶劣的路况和地形，其他 20 辆均悲惨地损失于日军各型火炮、地雷和反坦克步兵的打击。

神奇的是，有些美军坦克兵在损毁的坦克下面挖了个坑，在里面隐藏了 40 个小时，才找到机会返回了美军战线。距离他们不到 91.4 米外就是成群的日军步兵，但他们却从未发现这些美军坦克兵的存在。

重创了美军装甲纵队的日军，却只付出了微乎其微的代价。日军派出两个各辖 10 人的特别攻击分队，前往近距离攻击美军步兵。其中，一个特别攻击分队几乎全体战死，另一个分队士官阵亡、3 名士兵受伤。

当天下午，嘉数地区天气突变，狂风暴雨进一步增加了美军发起进攻的困难。在浦添—恩纳山崖高地的最西端，美军第 106 步兵团第 2 营尝试向南进击，但是 1 号公路以西绵延的洞穴、墓穴、地道使战斗打成了僵局。早在当天黎明，横跨牧港湾的多座桥梁就遭到了日军远程火炮和迫击炮

的轰击。美军坦克的直射火力打哑了一个藏有日军火炮的洞穴，但是日军九八式 320 毫米臼炮曲射而来的炮弹却使美军无能无力。下午 15 时 30 分，日军炮火的弹幕炸毁了牧港湾的全部活动便桥和浮桥，只有人行桥还在。艰苦的海湾桥梁保卫战，还要持续 1 个星期才能结束。

至此，美军对嘉数高地的进攻彻底失败。整条战线上，美军没能在任何地方达成突破，已经占领的区域只不过是美军的出发阵地和日军坚固防线之间的空地而已。在当天的战斗中，美军第 24 军有 720 人阵亡、受伤或失踪，位于嘉数高地正面的美军第 27 步兵师第 105 步兵团 1 营伤亡 105 人，2 营伤亡 53 人。更严重的是，由于美军第 193 坦克营 A 连伤亡惨重，导致整个第 193 坦克营都被拆分，包括坦克在内的各种车辆被分配到冲绳岛的其他美军坦克营中。直到第二次世界大战结束，美军第 193 坦克营都没有进行重组。在太平洋战争中，嘉数高地之战也是美军单日单次坦克损失最多的一次战斗。

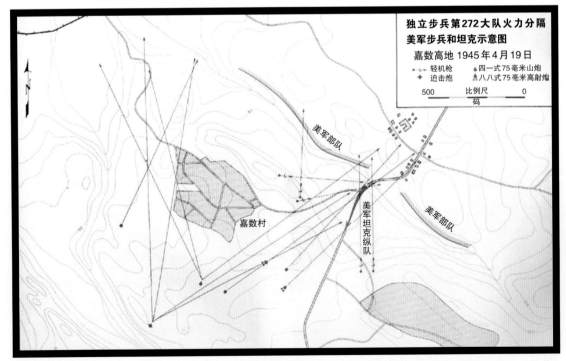

独立步兵第272大队火力分隔
美军步兵和坦克示意图
嘉数高地 1945年4月19日

- 轻机枪
- 迫击炮
- 四一式75毫米山炮
- 八八式75毫米高射炮

500　　比例尺　　0
码

美军部队

嘉数村

美军坦克纵队

美军部队

■ 这是美军缴获的日军地图，为 1945 年 4 月 19 日嘉数之战中独立步兵第 272 大队的作战图，图上标明了各种武器及射击方向，红色箭头即为日军武器所指方向。从图中可见日军针对美军坦克的火力之密集。

"巧克力球"高地之战

冲绳岛比硫磺岛大得多，因此冲绳岛要塞化的难度也就远大于硫磺岛。尽管如此，日军还是尽可能地挖空每座山，将它们变成坚固的堡垒。冲绳首府首里东北方1371.6米处的一座山丘就被日军改造成了这样的堡垒山。

美军将这座高地称为"巧克力球"（Chocolate Drop）。在英语中，"Chocolate Drop"也是对黑人的蔑称。这个名字是美军第77步兵师的下级部队起的，其师部将其称为"130高地"。这座褐色的秃山耸立在开阔地上，看起来就像放在碟子上的巧克力球。日军依托地形，围绕首里建立了坚固的防御阵地，"巧克力球"高地看起来是其中最没价值的。然而，就是这座不起眼的高地，却让美军付出了惨重的代价。

日军将"巧克力球"高地构筑成了具备多层级的防御支撑点，可进行全向射击。整个支撑点分为4个层级，相互之间有地道相连；其表面覆盖着岩石，反斜面阵地上有散兵坑、战壕和伪装良好的射击孔和观察孔。在山体内，日军部署有3门一式47毫米反坦克炮和4挺机枪，可通过改变射击孔的方式进行防御。高地四周是开阔地，除了少量低矮的灌木丛之外，就再没有任何可以用于掩护的障碍物了。开阔地的西部接近5号公路，那里地势低洼且沼泽遍布，不适合坦克进行机动。日军在冲绳岛上布设的最大雷区也在"巧克力球"高地附近。从东面的"平顶"高地（Flattop Hill）和从西南面的"石岭"高地（Ishimmi Ridge）射来的火力能够覆盖这片区域，从周围其他高地进入此区域的道路也被日军封锁。只有高地北面，也就是美军来袭的方向是敞开的。在"巧克力球"高地以东457.2米处，还有座被美军称为"瘤子"高地（Wart Hill）的山丘。

美军认为，"巧克力球"高地的守军是日军独

观察孔
47毫米反坦克炮射口
机枪射口
散兵坑
入口
步枪射口
散兵坑
步枪射口
生活区
入口
水井
散兵坑
47毫米反坦克炮射口
步枪射口

■ 这是"巧克力球"高地堡垒内部结构示意图，不同层级之间用不同的数字表示，整个堡垒内部有反坦克炮、机枪、观察孔、地道，甚至水井。

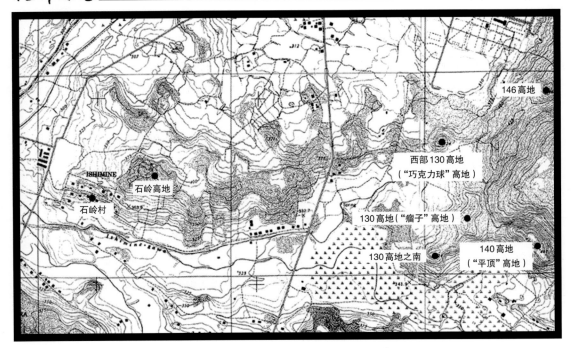

146 高地

西部 130 高地
（"巧克力球" 高地）

130 高地（"瘤子" 高地）

130 高地之南

140 高地
（"平顶" 高地）

ISHIMINE

石岭高地

石岭村

立步兵第29大队，由日本海军第29海上挺进基地大队改编而来。然而，日军文献并不支持美军的判断——美军可能混淆了几个高地的名字。美军也将"巧克力球"高地称为"130高地"，而实际上"巧克力球"高地和"瘤子"高地的高度都是130米。日军将"瘤子"高地称为"130高地"，将"巧克力球"高地称为"西部130高地"，将"平顶"高地称为"140高地"，将美军所谓的"迪克之右"（Dick Right）高地称为"150高地"。

1945年5月15日之前，守卫"巧克力球"高地（西部130高地）的是山口大尉指挥的战车第27联队第4中队，但是没有坦克，70名官兵装备从坦克上卸下的24挺7.7毫米车载机枪；守卫"平顶"高地（140高地）的是步兵第22联队第2大队；守卫150高地的是第22联队第1大队。5月15日夜，日军独立步兵第29大队与独立速射炮第2大队（欠第2中队）前来增援，但是他们驻守的是"瘤子"高地（130高地），而不是"巧克力球"高地（西部130高地）。但是，不明就里的美军以为日军所称的"130高地"就是自己所称的"130高地"，因此以为守卫"巧克力球"高地的是独立步兵第29大

■ 图为日军使用的"巧克力球"高地地区地图。

队。同时，步兵第32联队机枪第1中队增援"平顶"高地（140高地），第32联队主力增援150高地。

除此之外，第22联队第2大队的部分兵力有可能也在"巧克力球"高地。周边地带有长谷川大尉指挥的战车第27联队属步兵中队，下辖120人，装备6挺重机枪和2门一式47毫米反坦克炮；由大越大尉指挥的战车第27联队属炮兵中队，下辖150人，装备2挺重机枪和4门九〇式75毫米野战炮；日军独立臼炮第1联队，装备九八式320毫米臼炮。

1945年5月11日早晨7时整，美军准时对日军阵地发起炮火准备。在猛轰了31分钟之后，在第706坦克营的支援下，第77步兵师开始推进。第306步兵团3营只前进了182.88米，就被日军冰雹般的炮火压制住了。日军机枪火力的交叉点正好封锁住了"巧克力球"高地以北地区，阻挡了美军步兵的前进。上午9时，美军1个步兵连推进至"巧克力球"山北面山脚下，与日军展开近战。其他美军步兵试图向左迂回，但"瘤子"高地上的日军死死地挡住了他们。美军坦克、自行火炮、

野战炮和迫击炮，进行轮番炮击，但任何武器都对反斜面阵地上的日军无可奈何。美军1个步兵排刚登上"平顶"高地几分钟，就有11人伤亡。美军坦克试图从开阔地穿过，日军一式47毫米反坦克炮向其开火，击毁2辆坦克，打瘫6辆坦克。当天傍晚时分，日军反坦克步兵使用九九式磁性反坦克雷或炸药包炸毁了另1辆被打断了履带的美军坦克。在伤亡了53人之后，第306步兵团3营退回了出发阵地。

1945年5月12日，第306步兵团坚守阵地，辅助友军在两翼的推进。在第706坦克营1个坦克排的支援下，该团2营压住第96步兵师右翼的阵脚。在第306步兵团1营的支援下，第305步兵团在5号公路以西田野上与日军展开血战。这里的日军阵地由极为坚固的大型洞穴组成，每个洞穴都可以车头接车尾地停放2辆日军2.5吨卡车。

1945年5月13日，根据事先制订好的作战计划，美军同时向"巧克力球"高地和"平顶"高地发起进攻。在短促而猛烈的炮火准备之后，美军第306步兵团2营从东北方杀奔"巧克力球"高地，

先头连只用了13分钟就冲上了制高点。但是，他们很快就被日军猛烈的炮火压制在高地的北面山脚下。美军试图向左突入"巧克力球"高地和"平顶"高地之间的区域，但是这里的地形更加暴露，因此再次遭遇失败。试图占领"巧克力球"高地山坡地带的美军也很快被日军赶回了山脚下。14时，日军150毫米榴弹炮发射的20发炮弹命中了"巧克力球"高地山脚下的美军阵地。美军调动了全部火炮、坦克和自行火炮，支援2营向"巧克力球"高地发起第3次进攻，但仍然失败了。美军没能占领哪怕一寸土地，最后只能后撤274.32米。在当天的战斗中，日军击毁了美军2辆坦克，其中1辆还是装有105毫米榴弹炮的火力支援型M4坦克。

"巧克力球"高地的美军已经撤退，但"瘤子"高地的美军仍然试图在山脚下掘壕固守。高地上的日军向山脚下的美军发起夜袭。美军害怕在黑暗中误伤自己人而不敢开枪，结果被日军赶出了散兵坑。美军步兵只好使用手榴弹、刺刀和工兵铲杀回去，与占领了散兵坑的十几个日军捉对厮

■ 1945年5月13日，美军M4A3坦克和M4喷火坦克围攻"巧克力球"高地。

■ 试图从"平顶"高地和"巧克力球"高地之间穿过的美军坦克，被日军一式47毫米反坦克炮打瘫在开阔地上。照片中，左上的山包为"瘤子"高地，另一个为"巧克力球"高地。

杀，并夺回了阵地。

　　1945年5月14日，美军第306步兵团剩余的兵力只相当于1个步兵营了。第706坦克营的5辆坦克率领着第306步兵团的残余兵力向"瘤子"高地进发。就在抵达高地的霎那，迎面和侧面射来的日军火力席卷了领头的美军突击排。几分钟之内，美军突击排就死了一半，排长、副排长和1个班长非死即伤。阵亡美军步兵的遗体还保持着散兵线的阵型。在美军观察员看来，这些战友的遗体就像一群美军步兵以散兵线的阵型倒在地上睡着了一样。美军坦克刚开上"瘤子"高地就被日军一式47毫米反坦克炮命中，5辆坦克均遭毁伤。

　　其他试图再次拿下"巧克力球"高地和"瘤子"高地的攻势也都前功尽弃了。

　　1945年5月15日，伤亡471人的第306步兵团被第307步兵团换下了阵地。上午9时，第307步兵团发起进攻。根据作战计划，美军将同时对"巧克力球"高地和"平顶"高地发起进攻。在猛烈的步枪、机枪和迫击炮火的掩护下，美军稳扎稳打地向目标推进。同时，第96步兵师从第77步兵师的防区以东发起进攻。中午时分，第307步兵团3

■ 美军摄影师拍下的5月14日"平顶"高地/140高地的战场状况，在其一侧的便是"瘤子"高地/130高地。

■ 5月15日，"迪克之右"高地/150高地和"平顶"高地/140高地及周边地区的激战场面。

营抵达"巧克力球"高地北面山脚下，正向"平顶"高457.2米。然而，美军始终无法扩大战果。只要美军试图通过"巧克力球"高地和"平顶"高地之间的山鞍部，就会遭到"巧克力球"高地反斜面阵地日军的火力拦截，甚至整个日军防御体系西南方的炮火都会打过来。在当天的战斗中，日军又打瘫了几辆美军坦克。

然而，这是美军第77步兵师第一次可以在"巧克力球"高地以北地带和"平顶"高地山脚下建立阵地并牢牢守住。傍晚，日军步兵携带着掷弹筒，成群成群地从反斜面阵地的洞穴中涌出，向美军发起了两次夜袭，但均被击退。天黑之前，美军突击连从山上撤退。有5名美军步兵与突击连失去联系，被切断在壕沟中。日军击毙了其中2人，打伤了1人。

5月16日，第307步兵团继续发起进攻。3营的1个排冲上了"平顶"高地，但被日军机枪和迫击炮火力赶了回来。3营至少4次冲上"平顶"高地的制高点，试图坚守在那里，但每次都在北坡功败垂成。2营继续在"巧克力球"高地周围兜圈

子，试图找到能冲上高地制高点和反斜面阵地的通路。当天下午，美军在"巧克力球"高地上的1个排被日军赶了下来，但其他美军守住了"巧克力球"高地和"平顶"高地山鞍部以东的阵地。

第77步兵师步步为营地蚕食"平顶"高地和5号公路之间的日军阵地，并把日军向第307步兵团的枪口下挤压。5月17日，"巧克力球"高地山脚下的美军开始收拢日军阵地。美军连属重武器从四面八方向"巧克力球"高地开火，美军步兵逐个清剿山坡上的日军洞穴。美军共击毁、缴获日军4门一式47毫米反坦克炮，1门野战炮、4挺机枪、4门九八式320毫米臼炮和1门美制60毫米迫击炮。夜幕降临时，美军已经堵上了部分洞穴。夜间，一小撮绝望的日军士兵向山顶的美军阵地发起自杀式冲锋，但被美军击败，日军弃尸25具。

在接下来的2天里，第307步兵团3营继续巩固和扩大在巧克力球山周围的战果。战斗乱作一团，有3名美军伤兵在"巧克力球"高地南坡躺了2天，美军才发现他们。当时，已经有2名伤员死去了，还有1名精神错乱，疯疯癫癫地以为还在

■ 在美军攻打"巧克力球"高地的战斗中，美军第706坦克营A连的M4A3中型坦克被日军击毁，背景处的高地就是"巧克力球"高地。

与日军战斗，美军不得不对其采取了强制措施。5月20日，美军堵上了所有的洞穴。当天，在坦克的掩护下，3营使用火焰喷射器和炸药消灭了"平顶"高地上所有的日军，占领了制高点。

1945年5月11日－17日的战斗中，美军第77步兵师伤亡1080人，其中第306步兵团伤亡511人。第706坦克营损失10辆M4坦克。

几天之后，日本东京广播电台用英语向在冲绳的美军发布了消息：

"甜面包高地，巧克力球高地，草莓高地。喷，这些地方的名字听起来多棒啊！你都能看见，那些围绕着白色尖桩篱栅的糖果屋，拐棍糖就挂在树上，红白相间的条纹在太阳的照耀下闪闪发亮。然而，在这些地方，唯一红色的东西就是美军的血。是的，先生们，这几座冲绳南部的山就叫这些名字。在这里发生的战斗，距离是如此的近，以至于你不得不用刺刀，甚至是拳头去打仗。当敌人离你很远时，大炮和舰炮的确很有用。但是，当敌人和你在同一个散兵坑里的时候，它们就是一堆废铁。我猜，你们给这些伤心之地起上些可爱的名字，是为了让这些地方看起来不那么可怕。为什么甜面包高地易手如此频繁，以至于它看起来就像但丁描写的炼狱一样呢？没错，先生，甜面包高地、巧克力球高地、草莓高地。它们听起来不错，难道不是么？但是，它们实际上什么样，只有去过的人才知道啊。"

国吉高地之战

国吉高地，美军称为"Kunishi Ridge"。此时，冲绳战役已经接近尾声，日军已经被压缩到冲绳岛南部。但是，背水一战的日军顽强抵抗的烈度丝毫不减，而且依然成功对美军坦克进行了打击。

国吉高地的守军共900多人，隶属于北乡格郎大佐指挥的步兵第32联队与配属部队，其中包括：伊东大尉指挥的第1大队，约250人；金泽少佐指挥的第2大队，主要由独立机枪第3大队、特设步兵第4联队第1大队和第2大队解散后的兵力组成，约200人；满尾大尉指挥的第3大队，约230人；中本大尉指挥的独立步兵第29大队，约80人；独立机枪第17大队，约40人；独立速射炮第3大队，约40人；三好大尉指挥的步兵第32联队属炮兵中队，约25人；荻生中尉指挥的步兵第32联队属通信中队，约30人。看起来这些兵力不过是由残兵败将拼凑而成，但作战却依然凶猛。

1945年6月12日，陆战队第1师第7陆战团的2个连趁着夜色占领了国吉高地顶峰。黎明时

■ 1945年美军拍摄的国吉高地的航空图，美军第1陆战师为占领这个冲绳南部的重要阵地而付出了1000余人的伤亡。

分，日军进行了疯狂的反扑。日军炮火切断了山头上的美军与后方的联系，只有美军坦克能够穿过日军炮火的封锁，除此之外什么都上不去。在5天的时间里，美军坦克为山顶的步兵输送补充兵力和弹药，撤回伤员。通向国吉高地顶峰的地区要么布满日军地雷，要么是土质松软的沼泽，因此只有两条道路可供坦克通行，而这两条道路又都在日军的火力覆盖之下。在5天的战斗中，日军一式47毫米反坦克炮击毁和打瘫了美军21辆M4坦克。

1945年6月17日，这天是父亲节，美国海军陆战队第1坦克营在国吉高地附近经历了一场后来被称为"父亲节大屠杀"的战斗。当天早晨8时，亨特·赫斯特中校（Hunter Hurst）指挥的第1陆战师第1陆战团3营向国吉高地600多米外的真荣里高地（Mezado Ridge）发起进攻。陆战队第1坦克营C连参战，出动的是杰瑞·阿特金森少尉（Jerry Atkinson）指挥的第2坦克排和查理·尼尔森中尉（Charlie Nelson）指挥的第3坦克排剩余的5辆坦克，连部的2辆105毫米榴弹

炮型M4坦克负责提供火力支援。美军坦克和步兵将要穿过的山谷布满灌木丛、枯萎的甘蔗田和壕沟。美军并不知道，日军已经在这里布设了天罗地网，等着美军往里钻。

根据美军老兵的回忆，日军一式47毫米反坦克炮和八八式75毫米高射炮就在100多米外瞄准美军坦克。首先，日军榴弹炮和迫击炮压制了美军步兵。当美军坦克失去步兵掩护时，日军反坦克炮和高射炮开火了。布伦克特中士（Brenkert）的坦克被日军八八式75毫米高射炮命中，紧接着又有2发炮弹击穿了坦克车体侧面装甲，将坦克击毁。随后，日军八八式75毫米高射炮将火力转移向阿特金森的坦克上。日军高射炮兵非常明智，他们先迫使美军坦克无法机动再进行炮击——第1发炮弹打断了坦克左侧的履带，第2发炮弹击穿了坦克车体左侧装甲，并贯穿了右侧装甲。驾驶员鲍勃·博德曼（Bob Boardman）想将坦克正面装甲对向日军炮弹射来的方向。他发现发动机还在转，但坦克却无法转向，他瞬间就想到履带被打断了。当第4发炮弹命中时，坦克发动机起

■ 6月19日，美国海军陆战队第713喷火坦克营的一辆M4喷火坦克正在烧掉真荣里高地上的植被以暴露日军的隐蔽阵地，支援清除日军的陆战队步兵。

火了。同时，日军狙击手和步兵开始射杀从坦克中爬出来的美军坦克兵。尽管如此，大部分美军坦克兵还是幸存了下来。

日军的隐蔽和伪装是如此地精妙，以至于在部分战斗中，美军也不清楚究竟是什么火炮在打击美军坦克。1945年6月18日，在喜屋武岭（Kiyamu Ridge），日军1门火炮曾与美军坦克斗智斗勇。

当时，隐藏在茂密丛林中的一门日军大口径火炮不断地轰击陆战队第1坦克营的阵地，而美军始终无法确定其位置。这门火炮究竟是什么型号，美军坦克兵之间也进行过争论。鲍勃·博德曼认为那是八八式75毫米高射炮，也有人认为其至少应该和德军的88毫米高射炮一样大。

第1坦克营副营长鲍勃·内曼（Bob Neiman）写道："无论那是什么，这门该死的炮能击毁我们的坦克。我们将第2坦克排的坦克派出去开上我军占领的高地。于是，'咣'，'咣'，两声，那两辆坦克爆炸了……"

内曼告诉杰布·斯图亚特营长（Jeb Stuart），这是使用空中侦察找到这门日军火炮的好机会，因为在马里亚纳群岛提尼安岛，美军有过使用OY型观测机进行定位侦察的经验。斯图亚特营长向师部请求观测机支援，很快就来了1个OY观测机小组。内曼去找观测机小组，想告诉他们自己的想法——使用烟雾手榴弹标记那门炮的位置。当鲍勃·内曼到达观测机小组的位置时，他收到了营长传来的消息——他已经派坦克营的情报官去了。OY-1型观测机飞临上空，美军坦克再次开出来引诱日军火炮开火。观测机发现了日军火炮的位置，从空中扔了几颗烟雾手榴弹。美军坦克迅速向烟雾处开炮，情报官使用机载无线电引导着美军坦克修正弹着点。没多久，日军火炮就"闭嘴"了。可惜的是，日军机枪击中了观测机，子弹正好打中了情报官的膝盖，最后不得不截肢。

严重的坦克损失

在硫磺岛战役中，日军地雷摧毁的美军坦克数量最多，其次是反坦克炮和各型火炮，最次是反坦克步兵。在冲绳战役中，日军反坦克炮和各型火炮摧毁的美军坦克数量最多，其次是地雷，最次仍然是反坦克步兵。由于统计的截止时间和统计标准的不同，冲绳战役中美军坦克的损失数量，出现了不同的数据结论。

有资料显示，在冲绳战役中，美国陆军和海军陆战队共有7个装备M4中型坦克的坦克营，共损失153辆坦克。其中，陆军损失102辆坦克，海军陆战队损失51辆坦克。然而，美军实际上在冲绳战役中投入了8个装备M4的坦克营。同时，这个统计数据没有统计时间，"损失"的概念不明确。

亦有资料显示，截至1945年5月底，美军在冲绳战役中共损失了221辆坦克，占冲绳岛上美军坦克总数的57%，其中包括12辆喷火坦克。但是，这个数据只是陆军的坦克损失数，不包括海军陆战队。在损失的221辆坦克中，有94辆坦克（占损失总数的43%）被日军彻底摧毁，无法修复；还有111辆坦克损失于日军反坦克炮和各型火炮的轰击；有64辆坦克损失于日军埋设的地雷；有46辆坦克损失于日军反坦克步兵的近距离攻击；有38辆坦克曾因履带脱落或陷入泥沙、弹坑中而丧失机动能力，其中有25辆坦克被日军随即的行动摧毁或损毁。然而，冲绳战役一直持续到1945年6月21日才结束，统计到5月底的数据仍然不够完整。

另有美军文献认为，在冲绳战役中，日军反坦克步兵和自杀式反坦克攻击的成功率很低。美国陆军只有7辆坦克由于日军反坦克步兵的进攻而瘫痪或损毁，美国海军陆战队第6坦克营只有1辆坦克被日军反坦克步兵炸瘫。美国海陆战队第1坦克营则没有任何坦克损失于日军反坦克步兵的进攻，因为对其进行支援的海军陆战队士兵非

■ 这是冲绳战役时期,美军第706坦克营的 M4A3 坦克瘫痪在河流中。与日军相比,冲绳岛的自然环境可能才是美军坦克最大的"敌人"。

冲绳战役美军第10集团军坦克装甲战斗车辆损失情况（截至6月30日）

武器型号	海军陆战队损失数	陆军损失数	合计
M4中型坦克	51辆	96辆	147辆
M5轻型坦克		4辆	4辆
M7型105毫米自行榴弹炮	1辆	1辆	2辆
M8型75毫米自行榴弹炮		2辆	2辆
M16型4联装12.7毫米自行高射机枪车		1辆	1辆
M51型4联装12.7毫米高射机枪拖车		1辆	1辆
M29C"黄鼠狼"式履带装甲车	17辆	20辆	37辆
M3A1型半履带装甲运兵车		3辆	3辆
LVT（A）-1型两栖坦克		3辆	3辆
LVT（A）-2型两栖装甲车		11辆	11辆
LVT-3型两栖装甲车	19辆		19辆
LVT-4型两栖装甲车	26辆	21辆	47辆
LVT（A）-4两栖坦克	5辆	9辆	14辆
M32型坦克回收车	1辆		1辆
总计	120辆	172辆	292辆

■ 此列表并不包括美军轮式车辆在冲绳战役中的损失数据。而且，美军在冲绳战役中投入的坦克装甲战斗车辆也并非只有列表中的型号。M8"灰狗"式装甲车、M20型装甲侦察车、M4A1型半履带式81毫米自行迫击炮和M18坦克歼击车等都没有出现任何损失。

■ 下图是冲绳战场上，被日军炸毁了履带的M4坦克。

■ 上图是冲绳战役，瘫痪在路边的 M4 坦克，其损毁原因不明。

■ 下图是 1945 年 4 月 20 日，在冲绳的血岭（Bloody Ridge），日军炮兵击毁的美军 M4 中型坦克。

■ 这四幅图展现的是冲绳战役中一个"坦克之死"的惨烈场景：在支援美军步兵穿过"甜面包"高地前开阔地的过程中，美国海军陆战队第6坦克营B连第1排副排长的坦克轧上了日军作为反坦克地雷埋设的航空炸弹。剧烈的爆炸将坦克掀翻（左图），将1名乘员彻底炸飞，还有4名活着的乘员困在坦克里面出不来。美军步兵试图使用灭火器扑灭火焰，拯救车内幸存的坦克兵（上图和左下图），但是大火最终引爆了坦克内部的弹药（下图）。

■ 上图是在冲绳战役，一辆美军 M4 中型坦克被日军击中了发动机，整车烧毁。

■ 下图是冲绳战役时期，日军埋设的地雷炸飞了美国海军陆战队的 1 辆 M4 坦克。当其摔向地面时，将 1 名陆战队士兵活活砸死。美军士兵遗体和坦克之间是坦克被炸掉的舱盖，可以看见上面焊接着防备日军九九式磁性反坦克雷吸附的钢钉。

常机警，从未让日军反坦克步兵得手过。

在冲绳战役中，大部分被日军火炮击毁的美军坦克，都是一式 47 毫米反坦克炮的战果。尽管该反坦克炮难以正面对抗 M4 坦克，但日军的反坦克战术极为成功，专门打击美军坦克侧后装甲。日军地雷毁伤的美军坦克占其损失总数的 31%，但大部分被地雷炸瘫的坦克都被美军修复，并重新投入了战场。实际上，美军坦克的战损数据是按照"辆次"进行统计的。例如，海军陆战队第 1 坦克营在冲绳战役中历经了 82 天的战斗，有 28 辆坦克被击毁，却有 163 辆坦克被击伤。显然，1 个坦克营不可能装备如此多的坦克，也不可能出现冲绳岛上接近半数的坦克都补充给 1 个坦克营的情况。有如此多的坦克被击伤，就是因为很多坦克反复损毁，又反复被修好。

为了减少损失，美军对 M4 坦克进行了必要的改装。最普遍的方式就是安装附加装甲，包括在坦克上焊接备用履带和钢板，以弹开日军火炮发射的穿甲弹。日军反坦克步兵对美军坦克造成的威胁远不如日军反坦克炮。这些日军步兵"叽

■ 下图这辆在冲绳战场上的陆战队第 1 坦克营的 M4A2 坦克的车身上布满了加焊的坦克履带，车体正前方还有沙袋，这些额外的防护措施都是面对日军多种反坦克火力的被动之举。

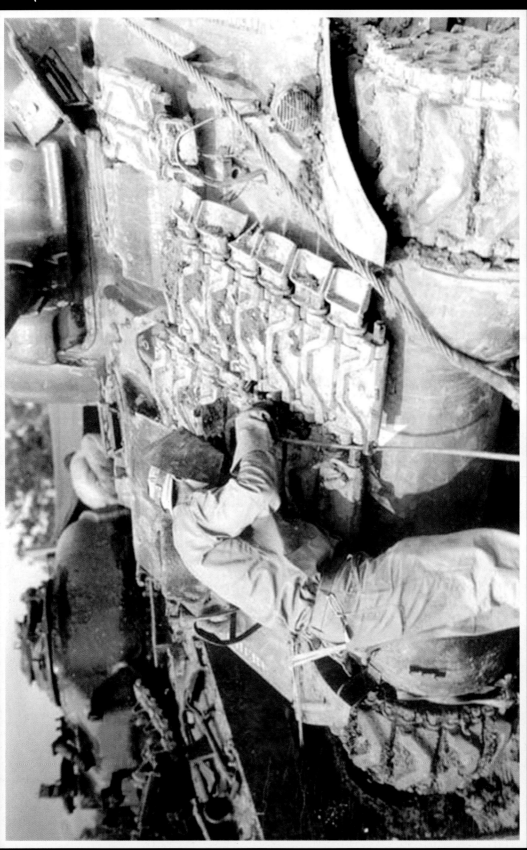

■ 冲绳战役，美军军械兵正在给 M4 坦克车体正面装甲上焊接备用履带块制成的附加装甲，用以抵御日军八八式75毫米高射炮和九〇式75毫米野战炮的袭击。

哩哇啦"地冲来，虽然看起来让人心惊肉跳，但真正成功的还是少数。尽管如此，由于日军反坦克步兵的威胁自始至终都存在，所以美军也准备了相应的对策。美军在坦克车体侧面装甲加装了木制附加装甲，在坦克舱盖上焊接钢钉，以使日军九九式磁性反坦克雷无法吸附。木制附加装甲也可以隔开日军各型空心聚能装药反坦克雷的金属射流。根据美军第10集团军军械部的建议，第713喷火坦克营在坦克装甲上进行了喷砂处理，用于对抗日军九九式磁性反坦克雷。但是，美军第713喷火坦克营从未遭遇过日军九九式磁性反坦克雷，因此喷砂装甲的防雷效果不得而知。有些美军坦克被改装得面目全非，炮塔和车体上覆盖了各种附加装甲，仿佛刚从韩国整容回来一样。

除了被动防御的方法之外，美军在尝试在坦克上加装"主动防御系统"。第二次世界大战中，针对苏军反坦克步兵的近距离攻击，德军为坦克研制了"S雷"。1944年3月，德军坦克装甲战斗车辆开始全面安装"S雷"。"S雷"就是坦克装备的近战反步兵榴弹。当苏军反坦克步兵接近，而附近又没有己方步兵支援时，德军坦克兵就可以在车内发射"S雷"。其口径为94毫米，最大射程达400米，能在半空中爆炸，利用大量的钢珠和破片杀伤逼近德军坦克的苏军坦克步兵。对于太平洋战场上的美军坦克来说，日军反坦克步兵发起的自杀式进攻几乎永无休止。因此，美军也不得不开发了类似的武器。在夏威夷，美军第10集

■ 美国海军陆战队军械兵正在为M4坦克焊接各种附加装甲，抵御日军反坦克步兵各型反坦克雷的攻击。

■ 这是为了对抗日军反坦克步兵，美军在 M4 坦克上安装的"痒痒挠"装置。

团军军械部下属的第 393 重型维修连研制了被称为"痒痒挠"（backscratcher）或"长柄耙"的装置——将 5 个 M2A1 型地雷安装在坦克炮塔底座的边缘处，坦克兵在车内进行电控使其爆炸，杀伤抵近的日军反坦克步兵。同时，其爆炸威力又不至于对美军坦克产生伤害。然而，这种装置始终没有定型。在冲绳战役中，美国陆军的坦克营安装了"痒痒挠"型装置。但是，美军坦克兵很少有机会使用它，因为日军反坦克步兵都被伴随坦克的步兵击毙了。在某次战斗中，美军坦克兵使

用了"痒痒挠"型装置，但只炸伤了日军反坦克步兵，而没能将其炸死。在另一次战斗中，瓢泼大雨导致"痒痒挠"型装置短路，结果其没有爆炸。

美军完全没有预料到，在冲绳战役中会出现如此严重的坦克损失。第 10 集团军对坦克的补充几乎入不敷出，而前线的美军步兵面对日军坚固的碉堡，又急需坦克进行支援。美军手忙脚乱地从整个太平洋战区紧急调集坦克运往冲绳岛。1945 年 4 月 25 日，储备在塞班岛上的 13 辆 M4 坦克十万火急地抵达了冲绳岛。然而，在日军一式 47 毫米反坦克炮几乎无处不在的伏击下，这些坦克显得是那么"杯水车薪"。4 月 28 日，冲绳岛上的美军向夏威夷求援，要求调运 65 辆 M4 坦克和 25 辆坦克回收车增援。5 月 20 日，也就是将近 1 个月之后，这些坦克才装船出海。冲绳岛上的美军坦克兵盼得望眼欲穿，等到花儿都谢了。直到 7 月 15 日，这些坦克都没能抵达冲绳岛。早在两个星期之前，美军官方就已经宣布冲绳战役结束。就算这些坦克运抵，也只能用来"打酱油"了。

1945 年 5 月初，由于坦克损失太严重，冲绳岛上的美军装甲兵基层官兵发出了呼声——需要比 M4 坦克更重的坦克！他们要求，新型坦克应该具有比 M4 更厚的装甲和初速更高的坦克炮。一方面，美军需要装甲更厚的坦克抵御日军一式反坦克炮的近距离伏击；另一方面，日军钢筋混凝土防御工事越来越厚实，M4 的 75 毫米坦克炮已经难以撼动了。只有 M26 重型坦克才能满足这些要求。

1945 年 5 月 31 日，美军从美国本土调来了 12 辆 M26。7 月 21 日，这些坦克运抵冲绳海域。8 月 4 日，它们才从运输船上卸到了冲绳岛那霸市的港口。此时，距离日本宣布无条件投降还有 11 天。这 12 辆 M26 重型坦克没来得及参加任何战斗，后来分配给了第 193 坦克营和第 711 坦克营用于训练，为可能对日本本土进行登陆的"奥林匹克"

(Olympic)行动计划进行准备。除了这12辆之外，美军还调集了另外125辆M26重型坦克，分配给了第706坦克营和第767坦克营，用于计划中的"奥林匹克"行动。其中，第706坦克营装备71辆M26重型坦克，6辆105毫米榴弹炮型M4A3中型坦克；第767坦克营装备54辆M26重型坦克，6辆105毫米榴弹炮型M4A3中型坦克和17辆M24轻型坦克。日本无条件投降后，这些M26也就再没有机会与日军反坦克炮一决高下了。

无论如何，冲绳岛上的日军凭借毁一门少一门的各型火炮，以及地雷和各型爆炸物，使美军坦克损失惨重。尤其是日军一式47毫米反坦克炮

的战术应用，已经将其有限的威力发挥到了极致，以至于第10集团军不得不请求为欧洲战场准备的M26重型坦克参战。这已经证明了冲绳战役中日军反坦克战术的成功。

在西方的战史记录中，冲绳战役通常被称为"最后之战"（Last Battle）。然而，其只是盟军在太平洋战争的最后一战而已。一直到日本政府代表签署投降书之前的几天，中国东北还响着炮声。第二次世界大战中，日军首次接触敌军大规模装甲兵就是在远东地区与苏军交战，最后一次接触敌军大规模装甲兵也是在远东地区与苏军交战。一切仿佛轮回的宿命。

■ 1945年8月4日在冲绳的那霸市港口登陆的美军M26重型坦克。

远东战役

1945年8月21日，苏军后贝加尔方面军近卫第46坦克旅第1营营长德米特里·费多罗维奇·洛扎大尉（Dmitriy Fedorovich Loza），在沈阳接受了日军独立战车第1旅团旅团部和战车第34联队的投降。

前来接洽的日军大尉能说一口流利的俄语，这让洛扎大尉感到惊讶。洛扎大尉问："你的俄语这么好，在哪学的？"日军大尉顿了一下，自信地回答："这是我的责任。"

洛扎大尉对日军坦克很好奇。在按照清单清点了日军装备之后，他近距离地考察了日军坦克。洛扎大尉认为，日军的坦克更适合去打"殖民地战争"，而不是更为惨烈的现代战争。他问日军大尉："大尉，你们就用这样的坦克，打算怎么对抗苏联的T-34中型坦克和美国的M4'谢尔曼'中型坦克？"

日军大尉丝毫没有掩饰自己对洛扎大尉这番话的反感："大尉，在这场战争中，如果你们来了5000辆坦克，那么我们就会征招12000名死士与之对抗。"

这位日军大尉所说的话很简明地阐释了日军的反坦克战术——明知己方的坦克和反坦克炮无法对抗敌军坦克时，出动狂热的步兵执行近距离反坦克作战任务，甚至是自杀式反坦克进攻。1945年，在远东战役中，苏军坦克遭遇最多的就是这种战术。尽管败军之将不足言勇，但他的话却又如此不可辩驳。洛扎大尉也承认，如果在组织良好的情况下采取这种战术，日军将给苏军造成毁灭性的灾难。

兵力对比

诺门坎之战时隔6个春秋之后，苏联红军的钢铁洪流再次排山倒海、地动山摇地杀了回来。此时，苏军坦克兵已经在苏德战场经历了5年的高强度机械化现代战争，而1945年的日本关东军却已经赶不上6年前了。如果一定要挑出个进步的地方，那就是无论自杀，还是自杀式反坦克战术，日军都越来越熟练了。

1945年，驻中国东北的日军步兵师团大致上

■ 1945年，苏联对日宣战后，驰骋在中国东北平原上的苏军坦克集群。日军的反坦克体系在这些钢铁洪流面前被碾压得粉碎。

可以分为以下类型：

日军三单位编制步兵师团，包括3个步兵联队，每个联队下辖3个步兵大队；1个炮兵联队，下辖2个炮兵大队和1个速射炮大队，其中速射炮大队装备16门37毫米反坦克炮；1个工兵联队；1个挺进大队；1个辎重联队；1个通信中队和其他支援部队。

日军四单位编制步兵师团，包括2个步兵旅团，每个旅团下辖4个步兵大队；1个工兵大队；1个通信中队。这种步兵师团都是国境守备队，不下辖炮兵和速射炮兵，只有在执行任务之前才会配属炮兵和速射炮兵。除了第63师团和第117师团以外，其他的日军步兵师团都是三单位编制步兵师团。日军步兵师团都只装备步枪、机枪、迫击炮、掷弹筒和火炮，没有冲锋枪、反坦克枪和火箭炮。

当时，驻扎中国东北的日军独立混成旅团，通常下辖5个步兵大队，有独立的支援部队和辎重队，平均每个独立混成旅团5300人。

在远东战役之前，日本关东军就已经被掏空了。大量兵力和装备，要么投入无底洞般的太平洋战场，要么抽调回本土对抗预想中的盟军登陆。从1945年6月开始到远东战役发起后，日本关东军的编制有过3次变动，这里不再详述。总而言之，1945年远东战役前夕的关东军已经成了个空架子，沦为"凄惨的稻草人兵团"或者"用竹枪武装起来的纸老虎部队"。

苏军远东第1方面军当面的日军，有部分步兵师团是1944-1945年成立的。与1937年时的步兵第12师团进行对比（见本页表），就可以知道远东战役时的日本关东军兵力是多么不济。

又例如，当时的步兵第107师团，并不缺乏人员，但装备完全不够用。1945年6月，日军大本营征用了该师团半数的反坦克炮，调回本土用作防御，其师团属炮兵联队的装备也遭到了削减。

■ 远东战役中，向苏军投降的日本关东军。

整个远东战役，包括朝鲜、库页岛、千岛群岛等战场，日军陆海军及其航空队总兵力68万人。其中，中国东北有关东军51万人，包括：关东军第1方面军，下辖第3军和第5军；第3方面军，下辖第30军和第44军；直辖第4军和第34军；第5方面军；中国派遣军华北方面军驻蒙军；共计27个步兵师团，11个独立混成旅团，2个独立战车旅团，1个机动旅团。另外，还有日本陆军航空兵第2航空军和第5航空军，分别驻扎中国东北和朝鲜。

可悲的是，在如此广阔的战区内，日军的速射炮部队却寥寥无几。只有独立速射炮第29大队、速射炮第30大队和独立速射炮第31大队，分属第44军、第4军、第5军。即使3个速射炮大队齐装满员，也只有54门一式47毫米反坦克炮，与冲绳岛上的一式47毫米反坦克炮数量相同。然而，远

二战末期关东军师团组建状况		
部队番号	组建日期	相当于1937年第12师团兵力百分比
第79师团	1945年2月6日	15%
第112师团	1944年7月10日	35%
第122师团	1945年1月16日	35%
第124师团	1945年1月16日	35%
第126师团	1945年1月16日	20%
第127师团	1945年3月20日	20%
第128师团	1945年1月16日	20%
第135师团	1945年7月10日	15%
第137师团	1945年7月10日	15%
第139师团	1945年7月10日	15%

■ 上图是苏军在萨哈林岛击毁的日军九四式 37 毫米反坦克炮与缴获的相关弹药。

■ 下图是日军在萨哈林岛遗弃的三八式 75 毫米野战炮。

东战役作战地域的广度是冲绳岛无法相比的。即使不计算远东战役爆发了战斗的朝鲜地区、库页岛地区和千岛群岛地区，只计算中国东北地区，其面积也达到了126万平方公里，是冲绳岛的560倍，是硫磺岛的57000倍。在中国东北一望无际的平原上，想用这54门一式47毫米反坦克炮抵挡苏军坦克集群，无疑是痴人说梦。更何况，战争末期的日军独立速射炮大队，并不总能满编装备一式47毫米反坦克炮，也会有37毫米反坦克炮滥竽充数。

中国东北的地形也与冲绳岛大相径庭。在有限而狭窄的战场上，冲绳岛上的日军大可以有选择地布设反坦克障碍，埋设地雷，将美军坦克逼入预设反坦克炮阵地。然而，一马平川的中国东北平原和内蒙古草原、戈壁，根本无险可守，苏军坦克集群可以纵横驰骋。在这样漫长的防线上全面地布设反坦克障碍、埋设地雷或部署反坦克炮，根本是不可能完成的任务，也毫无意义。除了牡丹江方向之外，苏军遭遇的一式47毫米反坦克炮非常有限。

日本关东军也有可以在较远距离上摧毁苏军坦克的其他火炮，包括九〇式75毫米野战炮和八八式75毫米高射炮，以及其他大口径的榴弹炮和加农炮。但是，这些火炮与日军的反坦克炮一样，很有可能根本没有与苏军坦克交战的机会。要么是被苏军步兵团团包围而毁灭之，要么是在苏军铺天盖地的炮击和空袭中被炸得粉碎，要么是在原地等待来袭苏军的时候接到了日本宣布无条件投降的消息……

既然反坦克炮和火炮不行，那就只能靠步兵了。日本关东军成立了4个挺进队：第2挺进队、第9挺进队、第11挺进队和第12挺进队，分属第44军、第5军、第3方面军直辖、第4军。每个步兵师团也成立了自己的挺进大队。

真正可能给苏军造成麻烦的，是日军在中苏边境修筑的防御工事系统。日军共修筑了17个筑垒地域，共8000多个永备防御工事，总长达1000公里以上，每个筑垒地域正面宽20～100公里，纵深近40公里。每个筑垒地域内包括3～7个抵抗枢纽部，每个抵抗枢纽部有3-6个支撑点。这些防御工事基本上都以山地、森林或沼泽作为依托。以日军的虎头筑垒地域为例，正面宽度达100公里以上，纵深40-45公里；由6个抵抗枢纽部和3个独立支撑点组成；其永备防御工事的重要部位，钢筋混凝土的厚度可以达到3米；绥芬河筑垒地域的的永备防御工事，其四壁和顶盖的钢筋混凝土层厚达2.5米，顶盖上的土壤层厚达10米；每公里正面有7个炮兵永备火力点，12个机枪永备火力点，8个机枪土木质火力点，2个观察所，6个钢帽堡，6个炮兵阵地组成。

这些防御工事极其坚固。在攻打日军绥芬河要塞的战斗中，苏军第114步兵师在大石碴子山遭遇日军坚固的永备防御工事。苏军调来1辆ИСУ-152型自行火炮，连续发射了3发炮弹，居然未能炸毁日军圆形地堡。苏军8名工兵冒着日军4挺机枪的火力压制，将250公斤的炸药堆在日军地堡上，仍然未能炸毁；7名工兵再次冒着日军的机枪火力将500公斤的炸药堆在地堡上，终

于炸塌了地堡的顶盖，但是日军机枪火力还在开火；苏军工兵第3次进行爆破，在地堡顶部放了500公斤炸药，在地堡处挖深了2米后放置了1吨炸药，共1.5吨炸药。这次爆破之后，地堡的石块和水泥片飞出了100多米，地堡上两层的日军全部被炸死，但是下层居然还有日军在负隅顽抗！苏军工兵第4次进行爆破，在地堡的废墟上放了400公斤炸药，才摧毁了残余的日军士兵。

参加远东战役的苏军装甲兵，分属于远东第1方面军、远东第2方面军、后贝加尔方面军。包括1个坦克集团军、1个坦克军、2个坦克师、30个坦克旅、5个坦克团和摩托化步兵团、20个自行火炮旅、近卫自行火炮团或自行火炮团、10个独立坦克营，以及每个步兵师下辖的1个自行火炮营。其中，远东第1方面军下辖的机械化、摩托化兵力包括1个机械化军或摩托化步兵军、12个坦克旅、2个机械化旅和摩托化步兵旅、1个坦克团和1个摩托化步兵团；远东第2方面军下辖8个坦克旅；后贝加尔方面军下辖1个坦克集团军，

■ 向萨哈林岛南部的日军发起进攻的苏军T-34/85中型坦克与ЗИС-3型76毫米加农炮部队。

1个骑兵机械化集群，1个坦克军、2个坦克师，9个坦克旅，1个摩托化装甲车旅、10个机械化旅和摩托化步兵旅、3个坦克团和摩托化步兵团。

在远东战役中，苏军投入的坦克和自行火炮数量，说法不一。有资料表示，远东苏军共有5250辆坦克和自行火炮。亦有数据显示，远东苏军共有3704辆坦克和1852辆自行火炮，共5556辆坦克和自行火炮，其中远东第1方面军装备1860辆，远东第2方面军装备1280辆，后贝加尔方面军装备2416辆。还有文献认为，远东苏军装备5548辆坦克和1422辆自行火炮，共6980辆坦克和自行火炮。

在苏军装备的装甲战斗车辆中，数量最多的是T-34中型坦克。该型坦克中，数量最多的是T-34/85中型坦克，也有T-34/76中型坦克，甚至1941年型和1942年型的T-34/76中型坦克。1945年3月，苏军最高统帅部开始为驻远东的苏军装备T-34坦克。远东苏军的2个坦克

师——第61坦克师和第111坦克师，各有1个坦克团优先换装T-34。每个坦克旅各有1个坦克营装备该型坦克。1945年7月，远东苏军共接收了1800辆T-34坦克，大部分是乌拉尔兵工厂生产的新坦克。其中，远东第1方面军接收了400辆，远东第2方面军接收了400辆，后贝加尔方面军接收了500辆。

在远东战役中，苏军T-34坦克给日军造成了巨大的震撼。留驻中国东北的日军官兵没有见过太平洋战场上的美军"谢尔曼"坦克，他们对"中型坦克"的概念只停留在日军九七改式中型坦克的层次。即便是参加过诺门坎战役的老兵，见过的最大坦克也不过是苏军 БT 系列快速坦克而已。于是，到了这些"没见过世面"的日军官兵口中，苏军T-34坦克就成了"重型坦克"。在他们眼中，滚滚而来的T-34看起来"就像小山"一样大。他们惊恐地判断，这种坦克的正面和侧面装甲有120毫米厚，坦克炮"像大象的鼻子一样"，

■ 参与远东战役的苏军 T-34/85 中型坦克。这种坦克给远东的日军以巨大震撼，修长的坦克炮管和巨大的口径都是日军闻所未闻的。

开炮时的声音如"远雷"一般震耳，炮弹在日军阵地爆炸时像"猛烈的沙尘风暴"一样席卷而来。日军各型武器对其攻击无效，只能以反坦克步兵与其同归于尽。在战后审讯日军第5炮兵司令部司令时，红旗第1集团军司令别洛鲍罗多夫上将（Beloborodov）认为，"日军的炮兵还是30年代的水平"。日军炮兵司令认同此观点，并表示"没有遭遇 T-34坦克之前我们还是抱有希望的"。

以往部分文献认为，苏军并没有在远东战役中投入重型坦克，然而现今的资料并不支持这个观点。1945年，远东苏军装备了19辆 ИС"斯大林"重型坦克，包括 ИС-3重型坦克和 ИС-2重型坦克；还有77辆 КБ-1重型坦克，包括76.2毫米炮型和85毫米炮型。远东苏军的重型坦克车况不佳，有的存在机械故障，有的只是在边境线上作为预备队开了一圈。只有少数重型坦克进入了中国东北，但是似乎没有参加任何实战。1945年8月11日，远东第1方面军第1红旗集团军第59步兵军组建了下辖2个重型坦克连和1个重型自行火炮连的机动部队，搭载第365步兵师的1个步兵营，占领了平阳镇及其附近铁路线。

实际上，远东苏军根本用不上重型坦克，中国东北的地形也不适合使用重型坦克。在远东战役中，苏军多进行长驱直入式的高速推进，重型坦克的机动能力跟不上。其可靠性也更差一些，一旦坏了就难以拖走修理。日军记录中的苏军"重型坦克"都是 T-34/85中型坦克，山地要塞地区的日军遭遇的苏军"重型坦克"基本都是 СУ-152和 ИСУ-152重型自行火炮。

除了苏制坦克以外，远东苏军也装备了大量美制和英制的外援坦克，近卫第6坦克集团军有一半的装备都是美国援助的。包括美制 M4A2中型坦克和英制"瓦伦丁"Mk Ⅲ型步兵坦克。苏军的美制坦克车况相当好，该集团军一路从欧洲东线调到远东，250辆 M4A2竟然没有任何一辆需要修理。这些 M4坦克主要是长管76.2毫米炮型，也有少部分短管75毫米炮型。1945年，远东苏军还装备了1辆美制 M3中型坦克（苏军编号 M3M中型坦克）和1辆 M3轻型坦克（苏军编号 M3L轻型坦克）。甚至，还有远东苏军投入过缴

■ 1945年8月8日，苏军近卫第6坦克集团军第9机械化军装备的美制 M4A2中型坦克。

获的德军坦克的说法——至少苏军确实在远东战役中大量使用过缴获的德军卡车。

当然，远东苏军装甲兵的实力远远不如苏德战场上的苏军。远东苏军装备的坦克中，约有3000多辆，占50%以上是老旧的轻型坦克，甚至是从20世纪30年代就开始在远东服役的坦克。远东战役打响之后，在日军抵抗比较微弱的地区，车况较好的轻型坦克，甚至走在了T-34坦克的前面，成为了"前锋"的"前锋"。车况不好的坦克，则干脆没有参加实战的机会，坦克在途中抛锚，坦克兵蹲在路边失声痛哭。这些坦克兵在整个二战中一直待在远东，终于等到了打仗的机会，结果又被自己的坦克抛弃了……

除了坦克以外，远东苏军也装备了大量的自行火炮。其中，数量最多的是СУ-76型自行火炮，

用于对步兵进行火力支援；其次是СУ-100型自行反坦克炮，这种为了对抗德军重型装甲目标而设计的利器，在远东只能做打碉堡的任务，大材小用；ИСУ-152重型自行火炮用于破坏坚固要塞和碉堡。

远东战役中，苏军坦克和自行火炮最主要的对手不是日军坦克，而是日军的炮兵、步兵和防御工事，甚至是糟糕的路况和恶劣的自然环境。苏军坦克集群没有进攻到日军在中国东北仅剩的4个战车联队的驻地，日军就彻底投降了。根据苏军的记录，在中国东北，苏军只在黑龙江省的牡丹江、爱河车站、四道岭、孙吴胜山要塞花见山阵地和内蒙古海拉尔遭遇过日军坦克。

相对于冲绳战役中的美军装甲兵来说，远东战役中的苏军装甲兵所要面对的困难要轻得多。

远东苏军坦克和自行火炮装备数量及车况（截至1945年8月5日）					
坦克/自行火炮型号	型号总数	可使用数	需要中度修理	需要大修	报废
БТ-5型快速坦克	190辆	101辆		23辆	66辆
БТ-7型快速坦克	1030辆	797辆	41辆	179辆	13辆
Т-26轻型坦克	1461辆	1272辆	33辆	122辆	34辆
Т-37水陆两栖坦克	52辆	52辆			
Т-38水陆两栖坦克	325辆	304辆	20辆	1辆	
Т-60/Т-70轻型坦克	46辆	14辆		28辆	4辆
Т-34中型坦克	1899辆	1794辆	32辆	70辆	3辆
КБ-1重型坦克	77辆	47辆	5辆	23辆	2辆
ИС斯大林式重型坦克	19辆	6辆	1辆	12辆	
美制M4A2中型坦克	250辆	250辆			
英制"瓦伦丁"Mk III型步兵坦克	81辆	78辆	3辆		
美制M3M中型坦克	1辆	1辆			
美制M3L轻型坦克	1辆	1辆			
Т-27超轻型坦克	56辆	56辆			
其他超轻型坦克	52辆	52辆			
其他型号坦克	5辆	5辆			
坦克总数	5548辆	4841辆	137辆	455辆	125辆
СУ-76型自行火炮	952辆	944辆	9辆		
СУ-85型自行反坦克炮	6辆	1辆		5辆	
СУ-100型自行反坦克炮	262辆	261辆	1辆		
СУ-122型突击炮	6辆	2辆		3辆	1辆
ИСУ-122型自行火炮	1辆	2辆			
СУ-152重型自行火炮	11辆			11辆	
ИСУ-152重型自行火炮	197辆	188辆	1辆	8辆	
自行火炮总数	1422辆	1393辆	11辆	28辆	1辆
坦克/自行火炮装备总数	6980辆	6234辆	148辆	483辆	126辆

■ 此列表并不包括远东苏军的各型苏制装甲车和美制的半履带式装甲运兵车，更不包括各种卡车和吉普车。

■ 1945年8月,远东苏军装备的T-26轻型坦克。在远东战役中,50%以上的苏军坦克都是旧式的型号。

在抵御日军一式47毫米反坦克炮时，苏军T-34坦克更厚的倾斜装甲，效果要比美军的M4坦克更好。冲绳岛上的日军和中国东北的日军装备的一式47毫米反坦克炮数量相仿，但是冲绳岛面积更小，其反坦克炮的火力密度更高。中国东北则有广大平原、草原、沙漠，几乎无险可守，苏军完全可以集中力量，攻其一点，形成突破。中国东北地区也有沼泽、泥地、高山，但是大部分地域都是适合机械化部队行进的，可谓"坦克战的天堂"。而像冲绳岛那样的热带弹丸小岛，美军坦克几乎没有选择的余地，日军只要扼守住少数坦克能够通行的道路即可挡住大量美军坦克。

从另一方面看，苏军也有自身的困难。从装备总数来看，苏军自然占绝对优势。但限于地形，苏军装备规模的优势并不能全部发挥出来。例如，远东第1方面军进攻的牡丹江方向，很多地段的苏军需要在原始森林和沼泽中开路，然后在道路上铺设圆木，后续车辆才能跟上，油料、弹药、补给才能源源不断向前输送。该方面军的牵引式重型火炮基本没有跟上前锋，包括坦克旅中的轻型坦克营也一直被甩在后面。当苏军进击牡丹江

■ 远东战役时期，日军士兵以自杀性战术攻击苏军坦克。这种场景对于当时缺乏反坦克武器的日本关东军来说屡见不鲜。

时，除了迫击炮和火箭炮之外，并没有足够的大口径榴弹炮支援。

由于缺乏对抗苏军坦克的武器，日军自然而然地采用了自杀式反坦克战术。需要注意的是，苏军会使用不同的词汇来区分这些日军。通常，苏军会将所有的日军称为"武士"（Samurai）；将专门进行自杀式进攻的日军官兵称为"特攻队员"（Kamikaze）；将那些死战不退、或本身不是特攻队员，却像特攻队员一样战斗或者进行自杀式进攻的日军官兵称为"敢死队员"（Smertnik）。根据苏军老兵的记述，几乎所有的日军官兵都是"敢死队员"。

■ 这是远东战役时，在东北平原上的沼泽中艰难行进的一支苏军部队。

■ 上图是1945年8月苏联红军出兵远东，在大草原快速行军的场景。

■ 下图是1945年8月14日 -9月2日期间苏军远东攻势图。

苏军第5集团军方向

在苏军远东第1方面军面前的是日军绥芬河国境筑垒地域。其正面宽40公里，横跨通往绥芬河的公路和铁路。在大多数地段，其纵深为10−15公里；沿公路布设的防线，纵深会延伸30−35公里。整个筑垒地域包括5个抵抗枢纽部，每个抵抗枢纽部正面宽2.5−13公里，纵深2.5−9公里；由地下钢筋混凝土堡垒要塞，炮台，发电站，仓库，共同构成；很多钢筋混凝土碉堡的墙壁有1米或者1.5米厚，带有装甲板或者装甲炮塔，有一些甚至装有升降机以运输火炮和弹药。

截至1945年8月，绥芬河筑垒地域正面的4个抵抗枢纽部共有295个混凝土碉堡，145个土木碉堡，58个混凝土掩蔽所，69个装甲炮塔，29个观察哨和指挥所，55个炮兵阵地。每个抵抗枢纽部由3−6个支撑点组成，每个支撑点占据了一块250000平方米的区域，相距2公里。支撑点通常都位于制高点上，包括钢筋混凝土堡垒或者几个

土木制地堡，同样也会有反坦克炮、机枪和火炮的发射孔。每隔250米−350米1个机枪碉堡，每隔500米−700米1个半地下火炮发射孔。抵抗枢纽部之间有交通壕连接，铁丝网、雷区、反坦克壕、反步兵障碍都有日军连环机枪火力覆盖。

根据日军的计划，每个抵抗枢纽部由1个步兵联队把守，实际上1个步兵大队即可。苏军认为，每个抵抗枢纽部的作战能力相当于日军1个步兵师团。日军步兵中队负责防御支撑点，步兵小队和步兵分队负责防御前哨兵站或环绕主阵地的卫星碉堡。

以上为日军第一道防线，在穆棱河以西群山后方80公里处的野战工事是第二道防线，再向后150公里−180公里处的牡丹江是第三道防线。

守卫绥芬河地区的是日军第5军步兵第124师团。步兵第271联队第1大队防御绥芬河抵抗枢纽部东北和东部，步兵第272联队第1大队的1个步兵中队防御鹿鸣台抵抗枢纽部南部，步兵第

■ 被苏联红军摧毁的日军军事设施残骸，这一残骸可能是日军绥芬河筑垒地域的组成部分之一。

■ 这是苏军第5集团军的步兵搭载坦克越过中苏边境，向穆棱发起进攻。

273联队第1大队防御观月台抵抗枢纽部。第124师团的炮兵第124联队，工兵第124大队和位于下城子的挺进大队负责支援。另有加强给第124师团的独立速射炮第31大队（欠1个速射炮中队），野战重炮第20联队（欠2个炮兵中队），独立重炮第1中队，东宁重炮联队1个炮兵大队（欠1个炮兵中队），牡丹江第5重炮联队（装备8门240毫米榴弹炮），迫击炮第13大队和2个独立工兵大队。第124师团左翼是第126师团，加强有独立速射炮第31大队1个中队，野战重炮第20联队1个中队。第124师团右翼为第128师团。

　　1945年8月9日凌晨1时，借着暴雨和黑夜的掩护，在没有进行任何炮火准备的情况下，苏军远东第1方面军第5集团军的所有先头营越过国境线。很多日军据点就这样悄无声息地被苏军摧毁或夺占了。苏军装甲纵队绕过日军绥芬河筑垒地域的坚固防御支撑点，将其留给后方的步兵、工兵和炮兵解决。日军曾经认为，有些地段是苏军坦克无法通行的。如今，他们却惊恐地发现苏军坦克正从这些地段潮水般地涌来，而自己却对苏军坦克束手无策。在苏军的冲击之下，第124师团的步兵第271联队在穆棱河丢弃了大量装备，包括几门九〇式75毫米野战炮。这种性能卓越的野战炮在没有向苏军发射过任何炮弹的情况下，就丧失了全部作用。8月9日当晚，第5集团军已经楔入日军后方16-22公里，突破口正面宽度35公里。作为远东第1方面军2个突击集团军之一，第5集团军是突向牡丹江方向的主攻部队，红旗第1集团军是其助攻部队。随后3天，在СУ-152重型自行火炮或ИСУ-152重型自行火炮的支援下，苏军步兵和工兵将使用火焰喷射器和爆破炸药逐个摧毁日军防御工事。第5集团军的装甲矛头将继续直指牡丹江方向，他们将在那里遭到日军顽强的阻击和反冲击。

　　1945年8月12日，第5集团军向牡丹江以东的第124师团发起进攻。师团长椎名正健中将将防线布设在穆棱河以西一道南北走向25公里长的山脊上。步兵第273联队（欠1个步兵大队）和步兵第272联队（欠1个步兵中队），防御穆棱－牡丹江公路北段长16公里的区域，也就是第124师团防线的北部和中央地带。步兵第271联队（欠1个步兵大队）防御着余下8公里的部分，也是整个防线的南部。每个步兵联队都配属了师团属炮兵联队的1个炮兵大队。独立重炮第1联队的1个炮兵中队和野战重炮第20联队（欠2个炮兵中队）在防线中央的后方对整个防线进行火力支援。独立速射炮第31大队（欠1个速射炮中队）为主要的日军反坦克力量。

为了加强穆棱－牡丹江公路的重点防御地段，日军第5军专门组建了佐佐木支队。佐佐木大佐是日军第1工兵司令部（原工兵第135联队）司令。佐佐木支队下辖步兵第135师团的第368联队第1大队和第370联队第1大队，沿着台马沟（亦称"代马沟"）以东的公路进行部署，意图拦截高速前进中的苏军机械化纵队。

日军情报显示，当面之敌的规模为苏军2个

师，这一点非常准确。8月11日－12日，在第76坦克旅的引领下，第5集团军第97步兵师和第144步兵师的前锋跨越穆棱河，占领穆棱镇。他们后方是漫长的行军纵队：第215步兵师、第190步兵师和第371步兵师呈一路纵队从下城子开往穆棱镇，第363步兵师从穆棱镇西南方向开往穆棱镇，其他苏军行军纵队从马桥河火车站一直延伸到绥阳。

远东第1方面军司令梅列茨科夫(Meretskov)元帅对克雷洛夫将军(Krylov)第5集团军的推进速度感到焦虑，他命令克雷洛夫将军组建强大的先遣队，以第76坦克旅为先导，加强以近卫第478重型自行火炮团和2个步兵营，步兵营中包括全部装备冲锋枪和轻机枪的冲锋枪连，沿着通向牡丹江的公路长驱直入，一鼓作气突破日军防线。然而，通向牡丹江的道路注定不是那么好走。

1945年8月12日黎明，双方展开了激烈的炮战。苏军炮兵反复地炮击穆棱－牡丹江公路两侧

■ 远东战役时期，苏军 T−34/85 中型坦克与搭载的冲锋枪连步兵协同作战，这种场景在远东战场的苏军中屡见不鲜，但对日军来说则难以抵御。

的日军阵地，第76坦克旅趁势向日军步兵第272联队右翼发起冲锋。然而，独立重炮第1联队和野战重炮第20联队也压制住了支援第76坦克旅的步兵。在穆棱和牡丹江铁路沿线之间的普雷乌赤会让站（Plivuchi Station，笔者注，可能是今天的北林站），在火炮、迫击炮和2辆装甲列车的火炮支援下，第272联队向第76坦克旅发起了大队规模的反冲击。苏军坦克击退了日军的反击，但自身也无法继续前进。克雷洛夫调集第97步兵师第233步兵团和第144步兵师第785步兵团各1个步兵营，以及更多的坦克和自行火炮前往支援。在30分钟的炮火准备后，苏军在日军防线上撕开了4公里长的口子。苏军坦克得以突向台马沟，并于当晚粉碎了佐佐木支队。战斗整整持续了1天，日军9–10个野战炮兵中队和7–9个迫击炮中队不断地轰击在狭窄的公路上呈一字纵队行军的苏军，日军步兵连续不断地进行反击，试图封堵苏军的突破口。第二次世界大战结束后，在日军第5军的战史记录中，对各处日军的作战效果都很贬斥，唯独很欣赏8月12日第124师团的防御战。该师团的战史记录也提到，当天战果辉煌，尤其是防御牡丹江公路的战斗。

8月13日上午9时，椎名正健中将接到了步兵第272联队从防线中央地段发回的电报："由于难以守住我军防线，本联队将以联队旗为引导，发起一场反击。这可能是我联队向师团部发回的最后一次报告。"椎名正健中将回电第272联队，命令其"光荣玉碎，战斗至死"。

在苏军的重压之下，日军防线迅速崩溃了。第97步兵师和第371步兵师向第272联队的南翼发起进攻；第215步兵师和第277步兵师从正面直扑第271联队；在密集的炮火支援下，第190步兵师和第157步兵师从正面突击第272联队。

为了封堵第124师团防线中央的缺口，第5军紧急组建了小林支队，在牡丹江的磨刀石车站进行布防，封锁通往牡丹江的道路。小林支队下辖1个由1000人规模的大队，包括在石头（牡丹江宁安市附近）的干部候补生1个大队和经理干部候补生1个大队，野战重炮第20联队1个炮兵中队，由日军第3野战筑垒队的小林大佐指挥。在磨刀石车站，第76坦克旅与小林支队碰撞在了一起。

关于磨刀石之战，笔者未能找到比较全面的介绍，但苏军在此遭遇了日军顽强而疯狂的阻击却是不争的事实。8月13日，在磨刀石车站，以坦克和自行火炮为先导，苏军第63步兵师和第144步兵师将突破口走廊拓宽了5–7公里，向前推进了30公里。苏军的推进过程极为艰苦，日军从步兵小队到步兵大队规模的反击永无休止，日军火炮和迫击炮的轰击也一直砸向苏军。

在苏军工兵伊万·卡津采夫（Ivan Kazintsev）的回忆中，提到了磨刀石之战：

"对于我来说，与日本帝国主义展开的战争完全是在黑暗和倾盆大雨中展开的。在那样的黑夜中，即使房间中的东西也会变湿，就更不用说当时在野外没有任何遮盖的我们了。

1945年8月8日–9日之间的夜晚暴雨倾盆，我从来没见过这么大的雷暴雨。然而，就在此时，我们接到了命令——越过国境线。对于我们来说，闪电是个危险的敌人：首先，闪电会导致短暂失明，在那几秒钟内我看不见任何东西并迷失了方向；其次，闪电比敌军的探照灯更能暴露我们的行踪。虽然日军也会被闪电致盲，但至少他们不用跋山涉水，而且他们非常熟悉地形。我们接到命令，占领被称为'驼峰'的日军筑垒防御工事。早晨时，我们占领了这座山。

那天，我们坐在坦克上，坦克开了80公里–90公里，到晚上的时候开进了一个据点。在那里，我们与日军发生了战斗。

战斗激烈而漫长，有大量的白刃肉搏战。每次肉搏都很短，但是一个接着一个，所以整个白刃战会持续很长时间。日军的抵抗非常顽强，但仍然无法改变失败的命运，他们撤退了。在白刃战中，我们排的卡乌佐夫中士（Kauzov）严重受伤，日军的1名士兵用刺刀扎中了他8次，但是他幸存了下来。

在磨刀石爆发了大规模战斗。后来，我们知道，这个据点由几个誓死不退的日军步兵大队防御，战斗打了一整天。日军占据了地利，尤其是他们的大口径火炮，从侧翼轰击我军。那些誓与阵地共存亡的日军步兵则从正面阻挡我们。在日军的攻击下，我军8辆坦克丧失了战斗力。在夜间，我们的营悄悄地穿过磨刀石，在其外围掘壕固守，等待主力到达。第2天早晨，我们继续战斗。3个小时之后，我们将日军从他们的阵地上赶了出去。士兵费多托夫（Fedotov）在战斗中阵亡了，比林中士（Burin）也受伤了。"

苏军远东第1方面军司令梅列茨科夫元帅的回忆录中记述，在磨刀石车站的战斗中，日军广泛地使用了特攻队（其回忆录中文译本称之为"敢死队"）。200名特攻队员身捆炸药包和手榴弹，在茂密的高粱地里匍匐前进，一跃而起，钻向苏军坦克车底与之同归于尽。

有资料显示，日军特攻队员在磨刀石车站炸毁了十几辆苏军坦克和自行火炮。

在日军战史记录中，"磨刀石之战"的版本却完全不同。日军石头预备军官学校第十三期学生的战史记录《桢干》描述：

"……不停地使用步枪射击，投掷手榴弹，以近距离攻击打击来犯坦克。苏军坦克驾驶员被九九式磁性反坦克雷爆炸的声音吓破了胆，急刹车之后，丢下坦克逃进了满族人的村庄。

梅津中尉缴获了这辆苏军坦克，将坦克中的压缩饼干等食物分发给了候补士官。同时，他命令步兵炮中队的候补士官铃木秀美、一濑，以及本部的和泉技术队长进入坦克，掉转炮口，待敌军接近，对其近距离炮击。由于行动沉着与镇定，

炮弹弹无虚发地击中了敌军坦克。转眼间，5-6辆敌军坦克被打残，后续坦克群因而撤退，暂时阻止了苏军的进攻。阵地上的人们一起从战壕里站出来，高呼'万岁！'

不过好景不长，铃木秀美候补士官战死，我们所依仗的1门速射炮也被敌军坦克击毁。14日早晨，苏军再次进攻。16时，猪股大队长战死。在梅津中尉指挥下，剩余的30-40名速射炮炮兵在战壕里等待日落。然后以'楠木战法'（注：士兵排成一线，摇动草木转移敌人注意力，主力迂回攻敌侧翼的战术）对阵地东北方向山顶的故军步兵展开攻击。在'楠木战法'的打击下，故军步兵丢弃了'马克沁'式重机枪、弹药和食物，并撤退了。日军将其缴获，搬回己方阵地。不过，英勇顽强的战斗也到此为止了。当晚11时左右，梅津中尉集合起了孤立无援的队伍，与少数的生还者悄悄地离开了战场。

梅津中尉的队伍到了一个能够眺望整个战场的位置，远远地看见故军坦克在道路上排成一排，正在猛烈的进攻。尤其可怕的是，由于威力强大的炮火密集的射击，我们几乎已经看不见大队本部所在的位置了。猪股大队长、奥山候补士官……都在那炮火崩起的浓烟下吧。梅津中尉仿佛带着祈祷的心情凝视着那里。向路上的故军坦克发起近距离攻击的战士，也因为故军火焰喷射器和步兵的增加，纷纷倒在故军坦克前了。此时，大约有10辆故军坦克已经瘫痪了。但是，领头的几辆坦克已经在践踏磨刀石村的民房了……"

日军士兵缴获苏军丢弃的T-34中型坦克，然后掉转炮口，打残了5-6辆苏军坦克。这样的战斗听起来实在太"科幻"了。日军战史中描述的磨刀石之战，至于大家信不信，由大家，反正日本人是信了。如果这才是真实的历史，那么我只能说，这是一个奇迹！

根据苏军战史记录，1945年8月13日中午12

时，苏军就已经消灭了磨刀石车站的日军小林支队。部分幸存者撤回到了乜河以东的日军防线，其余在苏军后方进行游击战。8月13日夜幕降临时，苏军的先头部队已经占领了老爷岭山隘，直面乜河以东的日军防线。

8月14日早晨，苏军第190步兵师向日军防线左翼的第273联队发起进攻，第97步兵师和第371步兵师从南面向日军防线中央发起进攻，迫使第272联队撤退到清水山南麓。上午9时，椎名正健中将率领第124师团的师团部转移到清水山后方10公里处。他们刚走，苏军火炮和火箭炮就彻底炸平了清水山的山顶。苏军步兵向山顶发起冲锋，摧毁了野战重炮第20联队和牡丹江第5重炮联队。

此时，椎名正健中将与第124师团余部失去了联系。他发布了最后一道命令：

我师团全体人员已决心光荣战死，将在夜幕的掩护下向苏军轮番突袭，不断消耗苏军作战力量。最后，根据以下步骤，全体发起坚决的进攻：

一、主要的攻击目标是位于通向牡丹江公路上的敌军。

二、公路以北的部队向南冲锋并且突破敌军防线，公路南北的部队应该向山的对面前进。白天，我军将力求寻找掩护并且尽可能地隐蔽自己的运动和意图。夜晚也应如此。

三、在进攻中，相邻部队之间应该保持近距离接触，最大限度地避免误伤己方。

四、禁止向台马沟以西地区运动。

五、从8月15日夜间开始，按照规定开始执行突袭任务。

1945年8月14日夜间，日军第124师团有组织的抵抗已经瓦解了。其残部只能骚扰一下滚滚西去的苏军行军纵队，或迫使苏军抽出时间、精力和兵力去占领和清剿公路南北两边的地区。8月15日，在通过收音机接到了日本投降的消息后，椎名正健中将命令残部停止突袭行动，向西南方撤退。8月

■ 这是远东战役中，苏军士兵展现他们的战利品——缴获的日军军旗。

18日凌晨3时，第124师团残部开始突围。在从台马沟到磨刀石之间的公路上，苏军坦克和卡车纵队似乎长到没有尽头。然而，日军残部居然还越过公路突了出去。直到第2天夜里，仍然有小股日军穿过公路撤退。最终，第124师团残部撤到了宁安地区的群山里，于8月22日向苏军投降。

随着第124师团的崩溃，苏军第5集团军巩固了交通线。第210坦克旅和近卫第479重型自行火炮团支援第63步兵师，第218坦克旅和近卫第395重型自行火炮团支援第144步兵师，继续向牡丹江市以东的日军防线发起进攻。在穆棱－牡丹江公路以北，第65步兵军的第97步兵师，第190步兵师和第371步兵师与第124师团残部交战。在穆棱－牡丹江公路以南，第72步兵军的第277步兵师向第271联队发起进攻。第215步兵师在磨刀石火车站西南10公里处展开行动。第45步兵军的第159步兵师掩护从马桥河镇至下城子镇之间的苏军右翼，第45步兵军的第157步兵师和第187步兵师从绥阳沿着公路进军。8月15日早晨，作为预备队的苏军第84骑兵师接到命令，向穆棱西南的山地前进，然后沿着大石头村，穿过老爷岭，开往宁安。在少量坦克的支援下，第84骑兵师的独立分队在穆棱以南与第25集团军建立联系。

1945年8月15日，苏军第5集团军穿过了老爷岭，彻底破灭了第124师团妄图有序撤往牡丹江市的希望。但是，进军路线上的地形和日军的抵抗，都消磨了苏军的进攻势头。第5集团军行军纵队的长度已经超过100公里，其前锋已经按照时间表越过了老爷岭，但主力却依然在穆棱－牡丹江公路的南北两侧清剿第124师团残部。此时，仍然有大量日军盘踞在牡丹江市，兵力分散的第5集团军显然无法吃掉龟缩在牡丹江的日军。据此，梅列茨科夫元帅命令，第5集团军从攻打牡丹江的主攻部队变为助攻部队，红旗第1集团军将作为主攻部队进攻牡丹江市。然而，红旗第1集团军的征途也不轻松。

■ 这幅图展现的是远东战场上，日军向苏军投降。在苏军的钢铁洪流面前，日军的自杀性反坦克战术难有作为。

苏军红旗第1集团军方向

1945年8月9日凌晨1时，苏军远东第1方面军的红旗第1集团军越过国境线。在滂沱的大雨中，伴随着苏军炮兵的火力准备，该集团军第6野战筑垒部队、第112筑垒地域部队和第69边防总队向日军密山筑垒地域的进攻。同时，该集团军的突击集群，第26步兵军和第59步兵军在原始森林中出发。在漆黑的夜晚和倾盆大雨中，原始森林中的苏军步兵师只能以每小时500米－700米的速度行进，整个集团军三分之二的兵力最后都加入到了铺设道路的工程当中。

8月10日，第59步兵军的第75坦克旅和第26步兵军的第257坦克旅作为红旗第1集团军的前锋突击部队向日军纵深穿插。红旗第1集团军赋予其的任务，就是不断地前进、前进、再前进；绕过日军支撑点，或者在对其进行压制后再绕过去，继续前进；占领日军后方的桥梁和道路枢纽，扼守这些据点等待后续步兵到达，然后继续前进。

节节后退的日军则妄图以层层阻击拦住势不可挡的苏军坦克。

1945年8月10日，苏军第75坦克旅和第39步兵师第50步兵团第1步兵营在长谷林粉碎了日军的土木火力支撑点，于当晚占领了位于梨树镇、跨越穆棱河的桥梁。8月11日，第75坦克旅和配属步兵接到命令，向麻山火车站推进，进而占领林口，切断日军第135师团从林口撤退的铁路线。8月12日，在河水暴涨的小穆棱河，机动至麻山的第75坦克旅遭遇第135师团第307联队1个步兵大队和伪满军1个步兵营。冲上桥梁的苏军领头坦克轧上了日军布设的地雷，坦克连同桥梁一起爆炸。苏军的T-34坦克与日军的四一式75毫米山炮激烈的对射持续了2个多小时，苏军坦克击毁了日军几门火炮，自己也有1辆坦克遭到重创。中午，苏军第50步兵团第1步兵营从正面进攻，苏军坦克从浅滩开过小穆棱河，冲垮了日军炮兵阵地。当晚，在麻山火车站地区，第75坦克旅的

■ 远东战役中，步坦协同作战的苏军部队，日军的防线经常被轻易撕开。

■ 远东战役，搭载着苏军步兵的 С У－76 型自行火炮。

4辆 T－34 坦克和第50步兵团第1步兵营彻底歼灭了日军步兵第368联队的1个步兵大队。8月13日早晨7时，第75坦克旅的前锋进入林口。几小时后，第75坦克旅主力和第39步兵师到达。苏军在林口遭遇了日军主力撤离后留下的少量自杀式反坦克步兵。8月13日－14日，苏军第75坦克旅在三道河子地区粉碎了小股日军无望的抵抗，但在向桦林镇推进的过程中，被暴雨冲毁的道路挡住了苏军坦克的前进。

相比之下，作为第26步兵军的前锋，第257坦克旅的推进速度就要快得多，但是战斗也更为激烈，损失也更严重。

1945年8月9日，日军预感苏军进攻在即。穆棱青狐岭庙和梨山地区的日军报告，没发现苏军踪影，但他们听到了东方和东南方有人员和机械接近的声音。日军听到的，是苏军第300步兵师发出的声响。

日军第126师团负责守卫穆棱，加强有独立速射炮第31大队的1个中队和野战炮兵第20大队的第1个中队，师团长野沟式彦中将也从乜河赶到穆棱。日军在青狐岭庙部署1个步兵中队；在梨山部署了1个步兵中队，加强1个机枪小队和1门四一式75毫米山炮；在秋皮沟部署1个步兵分队，在附近山隘部署1个步兵小队；在穆棱部署2个步兵中队，挺进大队（改编自步兵第277联队第1大队）的1个中队。

苏军第257坦克旅下辖3个坦克营，共装备65辆坦克。此时，该旅的第1坦克营处于前锋位置。另2个坦克营装备的都是旧式的 T－26 轻型坦克，其中一个在森林中帮助步兵师铺设道路，另一个被甩在了后方。因此，该旅的突击行动仅仅是由第1坦克营进行的。旅长阿尼希克中校（Anishchik）将全旅的 T－34/85 中型坦克调到第1坦克营，加强以1个连的 С У－76 型自行火炮、1个冲锋枪连和1个工兵排。

1945年8月10日早晨8时，苏军第1052步兵团对梨山的日军支撑点进行了渗透和包围，然后以重炮猛轰。当天下午，该团突破了日军野战防御工事，日军加强步兵中队几乎遭到全歼，地图被苏军缴获。在青狐岭庙地区，日军步兵中队依托地形挡住了苏军第22步兵师前锋的进攻。然而，从南面而来的苏军第300步兵师第1049步兵团威胁到了日军的撤退路线，青狐岭庙上的日军不得不撤往牡丹江以东。在南方，第5集团军第190步兵师向马桥河火车站进发，在途中击溃了日军步兵第277联队的1个步兵小队。

苏军第257坦克旅第1坦克营与加强部队向西开到748.8高地以北的亮子河（梁子河）村，然后转向，从西北方挺进穆棱。一旦遭遇日军坚固支撑点，苏军坦克就绕过去，将它们留给后方的步兵去解决。8月10日16时，在穆棱东北4公里处的八面通镇，苏军第257坦克旅遭遇严阵以待的日军第277联队第1步兵大队的2个步兵中队和1个挺进中队。由于缺乏反坦克炮，绝望的日军只能诉诸于自杀式反坦克战术。第126师团挺进大队第1中队的步兵在身上挂着3-7公斤的炸药，以血肉之躯冲向苏军坦克。然而，当他们引爆炸药时，苏军坦克兵却发现这些炸药的威力并不能炸坏T-34坦克的装甲。

此时，苏军第78突击航空兵团和炮兵开始对日军阵地进行轰炸。当晚20时，第22步兵师和第300步兵师抵达第257坦克旅第1坦克营的阵地。经过1小时的战斗，日军抵挡不住，开始通过穆棱河上的桥梁撤往在自兴屯的主防线。在第1051步兵团的支援下，第257坦克旅突破了日军在穆棱的防线，占领了穆棱火车站和穆棱河大桥。8月11日中午，日军大部被歼。日军宣称，在战斗中击毁苏军2辆坦克，击伤7辆坦克。当苏军步兵还在穆棱对日军进行最后的清剿时，第257坦克旅已经继续向西追击日军了。至此，第257坦克旅在远东战役发起的第3天，就完成了原定第8天应该完成的任务。别洛鲍罗多夫将军命令，该旅于8月12日进击牡丹江市。

1945年8月10日，日军第5军命令第126师团从穆棱向乜河撤退，但是要在自兴屯防线留下足够的兵力掩护第126师团主力和第135师团。第126师团后卫阻击部队由山岸中尉指挥：步兵第279联队第1大队，独立速射炮第31大队的1个速射炮中队，师团属挺进大队第1中队的三分之一部署于自兴屯以西的阿肯特岭；步兵第277联队第3大队部署于792高地，掩护第124师团的左翼。日军在撤退路线上留下了大量执行自杀性任务的士兵，不分昼夜地向苏军开火，牵制苏军的行动，袭击苏军运输队。此外，滂沱大雨也帮助日军延缓了苏军的前进。

1945年8月12日，在阿肯特岭的自兴屯，苏军第257坦克旅第1坦克营与加强部队遭遇日军步兵第279联队和独立速射炮第31大队的1个速射炮中队。此处地形不利于苏军，坦克纵队能够通行的道路很窄，最多只能容下2辆坦克紧挨在一起并排前进。占据着制高点的日军则能俯瞰公路，而且可以在狭窄的道路上埋设地雷，4门一式47毫米反坦克炮严阵以待。苏军坦克轧响了地雷之后，日军反坦克炮猛烈开火，3辆T-34/85中型坦克爆炸起火。阿尼希克中校命令瘫痪的坦克原地还击，还能进行机动的坦克从其他道路绕过日军坚固支撑点，坦克搭载的步兵冲上高地与日军展开搏斗。经过1个多小时的激战，日军动摇了，几百名残兵败将沿着山坡撤了下去，苏军坦克将日军撵进了一条布满沼泽的河谷才罢休。苏军也付出了巨大的代价，德米特里耶夫上尉（Dmitriev）、别兹鲁科夫中尉（Bezrukov）、侦察排长杰明中尉（Demin）和冲锋枪连的佐托夫中士（Zotov）阵亡，还有很多人身负重伤。经过自兴屯山地之战，包括之前损失的坦克，原装备25辆T-34/85中型坦克的第257坦克旅第1坦克营，还剩19辆坦克。

苏军坦克纵队绕过了日军坚固支撑点，马不停蹄地向仙洞村火车站进发。在自兴屯山地被苏军坦克击溃的日军新集结了起来，他们回到了高地上，继续阻击随后赶来的苏军。8月12日上午10时，在苏军炮兵的掩护下，苏军第300步兵师的前锋完成了对日军高地的部署。中午，苏军炮兵密集的弹幕覆盖了山岸中尉所在的顶峰阵地。山岸中尉灵活地调动仅有的兵力，躲避苏军炮火并阻击苏军步兵，但仍然丢失了阵地的左后方和公路以北的山地。当晚，日军发动夜袭，试图重新夺回阵地，但被苏军击退。由于两翼处于遭到合围状态，日军不得不于8月13日黎明破晓前撤到公路以南的森林中。在与苏军的战斗中，山岸中尉指挥的第126师团后卫阻击部队共损失400-650人，4门一式47毫米反坦克炮，2门九二式70毫米步兵炮和3挺机枪。8月13日，山岸中尉的残部穿过牡丹江市西南方的山区，于8月15日到达乜河东北方，最后于8月20日向苏军投降。第300步兵师在粉碎了自兴屯的日军阵地后，向仙洞村推进，第22步兵师沿着穆棱的公路跟进。

8月12日，就在苏军第300步兵师击溃日军第279联队时，第257坦克旅沿着林口－牡丹江公路推进至仙洞村火车站。在持续1个小时的战斗中，苏军坦克摧毁了日军兵营，夺取了40座军需仓库，并找到了十多桶柴油，给燃料几近枯竭的坦克加满了油。

苏军坦克刚开出日军兵营，就发现有日军列车从北面进站而来，火车上运载的是第135师团从林口调往牡丹江的1个步兵大队。苏军坦克很快就摧毁了日军列车。黄昏时分，苏军坦克再次遭遇河流和沼泽地形，苏军工兵用了整整一夜的时间在河上架设浮桥。8月13日凌晨5时，第257坦克旅沿着铁路线直指桦林镇，在那里有横跨牡丹江的大桥。在摧毁了日军一支运输弹药的辎重车队后，苏军坦克咆哮着冲进了桦林镇，占领了

火车站。此处距离牡丹江市只有10公里，距离大桥只有2公里。

此时，第257坦克旅与远东第1方面军其他作为前锋的坦克旅一样，都是沿着公路线和铁路线，甩掉后方的主力，绕过日军坚固支撑点，孤军深入，直奔目标。各个地段的日军几乎都无法挡住苏军T-34坦克，只能层层阻击，在某个关卡被突破之后，匆忙在下个关卡建立阻击阵地。

桦林镇大桥是苏军通往牡丹江市的必经之路。守卫这个关卡的是泷川少佐指挥的步兵第370联队的1个步兵大队和4门四一式75毫米山炮。与日军对阵的，是苏军10辆T-34坦克，以及搭载的冲锋枪连步兵和工兵。

苏军坦克直奔大桥而去，在快接近大桥时，巨大的爆炸把铁路桥炸得粉碎。同时，日军四一式75毫米山炮从高地上开火，几十挺机枪的子弹也横扫过来。根据苏军战史记录，日军反坦克步兵隐藏在用草皮进行伪装的散兵坑里，他们身上挂满地雷和炸药，成群结队地冲向苏军坦克。苏军坦克用榴弹猛轰日军反坦克步兵的队伍，车载机枪像割麦子一样成片成片地撂倒日军自杀式特攻队员。疯狂的日军反坦克步兵誓死不退，他们几乎被苏军坦克尽数屠杀。然而，日军特攻队员源源不断地从四面八方冒出来，终于冲上了苏军阵地。他们有的钻到苏军坦克车底，引爆携带的地雷和炸药，试图与苏军坦克同归于尽。有的爬上苏军坦克进行"跳梁"攻击，试图向苏军坦克的观察孔缝中开枪射击。苏军坦克不得不使用机枪扫射彼此装甲上的日军步兵。苏军步兵和工兵用冲锋枪近距离扫射蜂拥而来的日军步兵，或者向他们投掷手榴弹，弹药用光后，就用枪托、匕首、甚至铁棍与日军步兵展开白刃格斗。

日军无法摧毁苏军坦克。在日军战史记录中，他们如此描述这场战斗，以及苏军T-34中型坦克给日军炮兵带来的震撼：

为了阻止苏军修理坦克，我军山炮向苏军坦克的后部开火。同时，我军近距离攻击小组从路边向苏军坦克发起进攻。山炮击中了苏军坦克，但炮弹没能击穿装甲，对苏军坦克的实际伤害简直为零……苏军在我军眼皮底下气定神闲地修理坦克，他们的表情傲慢而自大，简直就是在侮辱我军的无能。为了躲开道路周围松软泥泞的地面，苏军坦克只能呈一路纵队。我们观察到的苏军坦克兵，有男兵，也有女兵。

苏军第257坦克旅首次对日军阵地的突击没有成功。阿尼希克中校命令还能机动的坦克拖上瘫痪的坦克返回桦林镇火车站，重新分配了弹药和燃料。2个小时之后，第257坦克旅再次向日军发起进攻。然而，日军援军抵达，更多的自杀式反坦克步兵在炮兵的掩护下冲向苏军坦克。由于日军密集的火力，苏军工兵试图在雷区中打开通路的行动也失败了。

8月13日18时，苏军第257坦克旅围绕桦林镇火车站布防，苏军坦克兵远远地发现有日军列车开来。当天早晨，在人见与一中将的率领下，第135师团的步兵第370联队主力与野战重炮第20联队的1个炮兵大队，乘火车增援桦林镇。苏军坦克趁日军火车减速时迅速开炮，日军机车锅炉爆炸，从铁轨上翻滚下去。苏军坦克的坦克炮和机枪火力席卷日军列车车厢。根据日军战史的记录，日军士兵迅速离开火车，向苏军坦克发起进攻，但是却陷入了一团混乱。苏军坦克炮发射的榴弹炸死了很多日军士兵，有些日军士兵躲在了森林中寻找掩护，还有些日军士兵跳进了牡丹江试图游到对岸。而此时，第135师团师团长人见与一中将却在危险之中高呼"领导先走！"他在一群护卫的帮助下死里逃生，躲避在牡丹江右岸的一座山腰处，后来又逃到了牡丹江市。日军步兵抱着集束手榴弹冲上来，都被苏军坦克击毙，苏军坦克甚至用履带碾压的方式干掉了他们。仍

■ 远东战场上，日军的迫击炮弹落在苏军坦克装甲车辆周围，硝烟弥漫，但无法对苏军坦克造成严重损伤。

然在平板运输车上的日军炮兵试图掉转炮口轰击苏军坦克，结果也被苏军坦克摧毁。

在此战中，苏军宣称击毙900多名日军士兵，摧毁6辆火车头、24门火炮、30辆运输车、24辆牵引车、包括30节装载弹药物资的车厢在内的143节车厢、800支步枪和100挺机枪。

8月13日夜间，苏军第257坦克旅第1坦克营围绕桦林镇火车站建立防线。此时，苏军第257坦克旅第1坦克营只剩下8辆T-34/85中型坦克了。他们要面对的是在暗夜之下像一条条毒蛇般爬行而来的日军特攻队员。日军速射炮兵用手推着反坦克炮，向苏军坦克开火。苏军反坦克步兵向苏军坦克投掷的手榴弹如冰雹一般密集，苏军因而损失了1辆坦克。午夜，势单力薄的苏军感到支撑不住了。阿尼希克旅长下令剩下的7辆坦克向桦林镇以北撤退，在距离桦林镇以北1公里的山丘上重新建立防御阵地。

8月14日早晨，在日军重压之下喘不过气的第257坦克旅第1坦克营终于等来了增援。苏军2个自行火炮营的25辆СУ-76型自行火炮与第22步兵师和第300步兵师的前锋抵达。当天下午，重整旗鼓的苏军再次向日军泷川少佐所部发起进攻。苏军增援而来的自行火炮和步兵一出现，日军士气就低落到了极点。尤其打击日军士气的，是苏军的坦克回收和修理能力。在夜间，苏军通常都能将前一天被打坏或瘫痪的坦克回收并修

好，继而重新投入战斗。经过苏军的反复冲击，日军被赶出了桦林镇火车站，苏军也损失了3辆T−34/85坦克。此时，只有青梅河（满语"茨茅霍洛"，野玫瑰沟之意）的日军还坚守着阵地。苏军抵达的增援部队不足，因此当天日军第135师团防线的右翼始终很平静。在40公里之外自兴屯东北方向，苏军第22步兵师和第300步兵师的主力仍然在泥泞的道路上挣扎，第26步兵军则在更遥远的后方痛苦地铺设道路。由于田野上遍布沼泽和灌木丛，苏军坦克和自行火炮只能在公路上行驶。这不仅使其易于遭到日军伏击，而且自身的火力也难以发挥。在红旗第1集团军的主力到达和第5集团军围拢过来之前，苏军都没有足够的兵力向盘踞在牡丹江市的日军发起总攻。

牡丹江之战

日军早已将牡丹江市构建成壁垒森严的碉堡要塞工事群，钢筋混凝土防御工事、砖石防御工事和野战防御工事应有尽有。永备防御工事火力点的墙壁厚达1米以上，多射孔的机枪碉堡在永备防御工事之间环环相扣。在牡丹江市东部的爱河车站，日军建筑有十几个互为犄角的碉堡，其火力可以覆盖从穆棱通向牡丹江市的道路，一条2公里长的反坦克壕和10平方公里的雷区成为了阻挡苏军坦克的天堑。

1945年8月15日夜间，盘踞在牡丹江市的日军收编了曾在桦林镇火车站挡住并重创了苏军第257坦克旅第1坦克营的泷川少佐残部。此时，牡丹江市驻扎有日军第124、第126、第135师团共3个步兵师团的余部，以及第1机动旅团。

日军围绕牡丹江市的北、东、南三个方向对军队进行部署：

第135师团在牡丹江市东北方向布防，阻断从桦林镇通往乜河的道路。其中，在第135师团属炮兵大队的支援下，步兵第370联队（欠2个步兵大队）守卫阵地左翼。步兵第369联队的1个步兵大队，背靠步兵第368联队的1个步兵大队和1个工兵中队，占据阵地右翼。第370联队泷川少佐的残部掩护第135师团防线后方。

第126师团的3个步兵联队在牡丹江市的东部和东南部布防。其中，步兵第277联队（欠2个步兵大队）在营子屯以南掘壕固守，向南防御；步兵第278联队（欠1个步兵大队）在牡丹江市货运仓库以南的山丘上构筑阵地，向东南防御；步兵第279联队（欠1个步兵大队）在穆棱—牡丹江公路以北的317高地和四道岭上设伏，向东防御。从第126师团和第135师团合并而来的几个挺进大队埋伏在四道岭—乜河公路两旁的散兵坑里。

早在8月13日夜间，日军的战壕和交通壕就已经挖掘完毕。但是，阵地并没有完全连接在一起，而且缺乏足够的铁丝网和反坦克障碍。日军

■ 远东战役中，苏军步兵查看被大口径火炮摧毁的日军钢筋混凝土工事。

所剩的炮兵很少，第126师团只剩下20门各型火炮，第135师团只剩下10门各型火炮，另有野战重炮第20联队和牡丹江第5重炮联队的残部和少量九五式轻型坦克进行支援。

此时，苏军红旗第1集团军能用于进攻牡丹江市的兵力也很有限。8月15日，第22步兵师和第300步兵师的4个步兵团到达，共8000人左右。加上被打残的第257坦克旅第1坦克营，增援而来的第77坦克旅和2个自行火炮营，构成了进攻牡丹江市北部的苏军兵力。第22步兵师和第300步兵师其他2个步兵团在后方修路，渡过牡丹江所需的舟桥营还没有走出原始森林，大口径重型火炮仍然在后方的道路上艰难地前进。能为苏军提供火力支援的，除了航空兵、坦克和自行火炮，就只有第52迫击炮旅、近卫第54火箭炮旅和第60反坦克歼击炮兵旅。

8月15日，在第22步兵师1个СУ-76型

自行火炮营的支援下，第300步兵师第1049步兵团和师属训练营向日军右翼发起进攻，直指青梅河的日军防线，进抵牡丹江市东部。在第257坦克旅第1坦克营和1个自行火炮营的支援下，第1051步兵团向日军阵地左翼的乜河火车站发起进攻，进抵牡丹江东南部。苏军再次横扫了日军泷川少佐所部，使之退回了青梅河。

在青梅河附近的战斗中，苏军第26步兵军推进的速度很慢，这让别洛鲍罗多夫将军很不高兴，形势不容乐观：第300步兵师沿着苏军的主进攻轴线前进，但其道路上布满了地雷，支援其进攻的第77坦克旅寸步难行。别洛鲍罗多夫将军决定，亲自前往第300步兵师前线，集团军属炮兵主任康斯坦丁·彼得洛维奇·卡扎科夫(Konstantin Petrovich Kazakov)继续于原地指挥炮兵作战，工兵主任马克西姆·尼古拉耶维奇·萨佛诺夫

■ 牡丹江之战中，苏军炮兵正在炮击牡丹江的日军防线。

(Maksim Nikolaevich Safonov)前往第22步兵师的渡口。

苏军第300步兵师碰上了硬钉子，当时实际上可供师长佛里尼·乔治维奇·切列帕诺夫(Fornilii Georgievich Cherepanov)指挥的兵力只有帕宁中校(Panin)的第1049步兵团。在那里，别洛鲍罗多夫将军亲眼目睹了日军阻击部队的顽强，以及苏军向爱河车站进攻所付出的代价。切列帕诺夫师长被日军炮火炸断了手臂，不得不送往后方治疗。在南岔子山的道路上，密布着成群结队的日军的特攻队员。他们甚至将掩体或散兵坑挖在了雷区里，对每个进行排雷的苏军工兵进行自杀式进攻。苏军3个步兵营的营长，拜布斯大尉(Baibus)、辛迪亚什金大尉(Sindiashkin)、阿尔乔缅科大尉(Artemenko)与第77坦克旅的坦克一起推进。苏军工兵冒着日军炮火和密集的机枪火力，在雷区中无畏地前进，清除地雷，以白刃战杀死日军反坦克步兵。尽管如此，苏军坦克的损失依然很大。当天，第77坦克旅有14辆坦克瘫痪于雷区之中。

8月15日夜幕降临的时候，第77坦克旅、第257坦克旅和第300步兵师的前锋已经沿着青梅河北岸巩固了防线。他们距离爱河车站只有5公里。

苏军第22步兵师的攻势较为顺利。第211步兵团和第246步兵团的6个步兵营在牡丹江市以北10公里处神不知鬼不觉地渡过了牡丹江，并一直渗透到距离牡丹江市北郊4—5公里的地方。他们发现，日军在那里的兵力非常薄弱。苏军前锋甚至抵达了牡丹江市日军北兵营附近的支撑点，抓回了第124师团的俘虏。由于没有架桥设备和运输设备，他们无法得到坦克和自行火炮的支援。但是，第22步兵师师长认为，"俄国人的刺刀能够解决问题"。

当红旗第1集团军从北向南压向牡丹江市时，第5集团军继续自东向西发起进攻。1945年8月

13日，第218坦克旅和近卫第395重型自行火炮团支援第144步兵师，第210坦克旅和近卫第479重型自行火炮团支援第63步兵师，抵达四道岭以东2公里、371高地东南3公里处。第144步兵师部署在公路以北，第63步兵师在公路以南。在牡丹江四道岭地区，一场大战拉开帷幕。

8月14日11时，苏军炮兵对四道岭以北的日军炮兵阵地进行火力压制。2个小时之后，苏军炮火转向四道岭。在371高地东南部，日军第279联队第3大队的野战筑垒地带形成了突出部。当天15时，在步兵的支援下，苏军第218坦克旅全歼日军。第144步兵师占领了371高地，并在夜间击退了日军数次不顾一切的反击。同时，第210坦克旅和第63步兵师与日军第279联队展开对四道岭山的争夺。最初，凭险据守的日军击退了苏军的进攻。苏军随即进行了4个小时的炮火准备，四道岭山顶峰的日军阵地被摧毁。苏军第226步兵团占领了四道岭山顶峰，但四道岭村还掌握在日军手中。夜间，第126师团挺进大队的自杀式反坦克步兵小组试图在苏军防线上撕开口子，但遭到苏军痛击，第279联队的最后一次反击也失败了。

日军老兵们这样回忆8月14日在四道岭地区与苏军展开的战斗：

"8月14日上午10时，苏军炮兵在四道岭公路的两侧占据了阵地。1个小时之后，他们开火了。起初，苏军炮兵打击的目标是位于四道岭以北的我军炮兵阵地。火力持续了一段时间后，苏军炮兵火力转向四道岭。

同时，我师团（第126师团）左翼的371高地，遭到苏军步兵和7辆坦克的进攻。守卫在那里的是第279联队第3大队，前哨的30名士兵隐藏在战壕中，想死守阵地。当天15时，他们全部被苏军坦克的炮火炸死。苏军步兵立即占领了371高地，获得了极佳的观察点。当天晚上，我军发起

夜袭。苏军不断巩固占领的阵地，我军失败了。

同时，四道岭上的第279联队的主力正在遭到苏军坦克、步兵和炮兵的协同进攻。苏军坦克爬不上山顶，只能在山下。苏军集中炮火轰击四道岭顶峰长达4个小时，彻底摧毁了我军阵地。顶峰失守后，大约30辆苏军坦克从山坡上向公路进攻，并向山的北坡开炮。我军步兵隐藏在路边的战壕里，放苏军坦克开过去。当跟随坦克的苏军步兵离近时，就向他们开火，敌军陷入了巨大的混乱之中。

很快，苏军后方的坦克开了上来，逐个向我军步兵阵地开火。傍晚时分，除了四道岭村之外，整个四道岭都被苏军占领了。在一场反击中，由工兵组成的反坦克突击队反复向敌军发起进攻，成功地击毁了8辆苏军坦克。炮兵也不顾遭到苏军炮火反击的危险集中火力轰击苏军坦克，野战重炮第20联队的炮兵中队击毁了16辆苏军坦克，第126师团属炮兵联队击毁了10辆苏军坦克。

夜晚，我师团继续尝试收复四道岭山。利用苏军坦克和火炮在夜间无法瞄准目标的机会，我军师团属挺进大队的反坦克步兵小组发起进攻。在新占领的阵地上，苏军进行的防御非常有效，我军的渗透并没有成功。我师团也命令第279联队发起进攻，但由于相同的原因也遭到了失败。苏军在夜晚没有继续发动攻击，而是在新占领的阵地上不断增加兵力。"

另一名日军老兵是这样回忆的：

"8月14日早晨，大约15-16门苏军火炮在四道岭以东的公路展开，准备同时向四道岭高地和371高地发起进攻。大约11时，苏军坦克将其火力倾泻在位于旧战车队营房南北的我军师团属炮兵阵地上。大约13时，苏军同时将压制炮火投射在我军炮兵阵地和四道岭高地上。苏军7辆坦克冲向371高地东南部的突出部，尽管守军顽强抵抗，但是仍于15时失守。由此，我军丧失了有利的观察点。苏军长达4个小时的炮击彻底摧毁了我军在四道岭高地上的阵地。大约15点时，就在苏军进行炮击的过程中，苏军30辆坦克在步兵的支援下冲向四道岭高地。我军让坦克开过去，然后向跟随坦克的苏军步兵开火，苏军步兵陷入了极大的混乱之中。随后，苏军后方开来的坦克向我军据守的工兵打来雨点一般的炮弹，工兵的反坦克突击队也向敌军坦克发起反击。最后，四道岭的大部分地区都被敌军占领了。我师团向四道岭高地和371高地发起了夜袭，但不幸的是都失败了。"

1945年8月15日8-16时，苏军炮兵和坦克火力如烈焰风暴般席卷整个日军炮兵阵地，摧毁了日军24门火炮中的23门，还有日军全部的4辆坦克和反坦克炮。在猛烈的炮击中，苏军第63步兵师向四道岭以南的日军第278联队发起进攻，切断了其与第126师团的师团部的联系，并且迫使其撤退。当一路势如破竹的苏军坦克打到第126师团的师团部时，苏军坦克遭到了日军自杀式反坦克步兵的疯狂反扑。

日军目睹了这场反击的老兵回忆：

"我军速射炮刚被打哑，大约30辆苏军坦克就开到了第278联队的主阵地前面。他们迅速开炮，使我军损失惨重，逐个射杀我军士兵，将我军的重型武器打成废铁。由于遭到了敌军坦克的突袭，第278联队不得不将联队指挥部转移到了一片高粱地里。大约16时，第278联队与师团部的电话联系就中断了。在这场战斗中，第278联队击毁了4辆苏军坦克，打瘫了5辆。

不久，又有15辆苏军坦克突袭了师团部位置。师团属辎重队1个分队的士兵，每个人携带15公斤的炸药包，向苏军坦克纵队的前5辆坦克发起自杀式进攻。他们一人扑向一辆坦克，成功地摧毁了这5辆坦克。其他苏军坦克兵目睹了这疯狂的一幕，迅速撤回了四道岭，苏军步兵也跟着坦克步行返回了。"

受到了极大震撼的苏军第210坦克旅撤回四道岭重新集结。由于师团部遭到了苏军坦克的突袭，而且全部的师团属火炮也都被苏军摧毁了，第126师团的师团长就在当天下午18点与其参谋长商议，命令全师团进行一场"玉碎突击"。但是，在第2天早晨，战场逐渐平静下来，日军推迟了这场鱼死网破的行动。

在牡丹江市以东，苏军第5集团军遭到日军第126师团的顽强抵抗，这出乎梅列茨科夫元帅的预料。他再次修改了第5集团军的任务：与其让第5集团军在牡丹江市以东的日军防线上撞得头破血流，不如让该集团军向牡丹江市以南迂回，只留下部分兵力继续压缩牡丹江市的日军，占领牡丹江市的任务由红旗第1集团军完成。8月15日下午16时45分，第5集团军接到命令——向南绕过牡丹江市，通过宁安市向吉林省吉林市和长春市进发。

1945年8月16日，日本已经宣布无条件投降，但盘踞在中国东北的日军依然困兽犹斗。红旗第1集团军将向牡丹江市发起进攻。苏军决定，第22步兵师和第300步兵师将在不进行任何炮火准备的情况下，出其不意、攻其无备地从牡丹江市北部突入市区。根据苏军作战计划，第22步兵师

■ 牡丹江前线，苏军第5集团军司令克雷洛夫上将（中间）、参谋长普洛希济科少将（左）和军事委员会成员波诺马廖夫少将（右）在一线视察。

将从牡丹江市北方和西北方发起进攻：第一梯队为第211步兵团和第246步兵团；在第77坦克旅和第257坦克旅的支援下，第300步兵师将向乜河挺进，第1049步兵团在右，第1051步兵团在左，第1053步兵团为第二梯队。

根据日军的计划，第126师团将从乜河以南的公路上撤退，跨过牡丹江，撤往牡丹江市西部。第135师团将从乜河以北跨过牡丹江，撤往牡丹江市西北。日军石头干部候补生大队将在乜河以东、穆棱－牡丹江主干道以南的山地上掩护这2个师团的撤退。尽管这2个日军师团给下属部队传达了撤退的命令，但有些部队正与苏军打得不可开交，因此没能收到撤退的命令。例如，第126师团的步兵第278联队和第135师团泷川少佐的步兵第370联队1个步兵大队，就这样孤立在阵地上，面对着潮水般涌上来的苏军。

8月16日早晨7时，苏军第77坦克旅，第257坦克旅和第300步兵师向"老冤家"——泷川少佐的步兵大队发起猛攻。近卫第54火箭炮旅的喀秋莎型火箭炮向牡丹江市日军东兵营开火，齐射的火箭弹如条条火龙一样直奔日军后方，引爆了日军的弹药库。泷川少佐的步兵大队被苏军彻底冲垮，残兵败将三三两两地散落在战场上。上午9时，第77坦克旅和第1049步兵团攻入牡丹江爱河车站，发现牡丹江上的全部3座桥梁都已被日军炸毁。别洛鲍罗多夫将军命令苏军2个坦克旅继续沿着牡丹江东岸向南进击，第300步兵师就地取材想办法渡过牡丹江，但是牡丹间对岸的日军以火炮和机枪阻止了第300步兵师渡河的企图。

同样是在上午9时，当苏军第77坦克旅攻入爱河车站时，第22步兵师第211步兵团从牡丹江西北攻入牡丹江火车站。9时20分，第246步兵团沿着铁路线从北面进入牡丹江市。苏军步兵开始在牡丹江市区的巷战中逐个建筑物地清剿负隅顽抗的日军后卫部队，包括日军第5军警备联队

和一些宪兵中队。一路穷追猛打的苏军步兵深入日军牡丹江防线的后方，动摇了守军的军心，迫使他们争先恐后地向牡丹江市西南部的乜河大桥奔逃。中午11时，第1049步兵团使用中国渔民的渔船渡过牡丹江，第1053步兵团在青梅河以南使用简易木筏渡过牡丹江，第1051步兵团在第1049步兵团以南地区也过了河。

当天上午10时，苏军第5集团军第65步兵军全歼了乜河以东和东南、包括第278步兵联队在内的日军。中午12时，日军第278步兵联队的残兵败将在联队旗下聚集起来。联队长羽岛山大佐在毕恭毕敬地向东方鞠躬之后，烧掉了联队旗，集合剩余的士兵向南发起了一场最后的冲锋。后来，他与第3步兵大队大队长上田少佐一起，在杀奔而来的苏军面前剖腹自杀。13时，在牡丹江市的日军后卫部队被从东面杀来的苏军第1049步兵团，从南面杀来的第1051步兵团和从西北面杀来的第211步兵团孤立在城中。在随后的清剿战斗中，苏军将其全歼。

此时，所有撤退的日军都集中在了牡丹江市西南的乜河大桥附近，此处已经被苏军第77坦克旅和第257坦克旅的前锋占领。日军一直没有炸掉乜河大桥，就是为了保障牡丹江市的日军能够顺利撤过牡丹江，而这一切由于苏军坦克的闪电攻势而化为了泡影。当日军发现大桥失守，城中的日军无法撤出时，残余的日军向保卫桥头堡的

■ 驻守牡丹江的日军在最后撤退时，炸毁了江面的大桥，以延缓苏军的钢铁洪流的步伐。

苏军坦克发起了数次强大的反击。为了夺回大桥，日军调来了包括1辆装甲列车，反坦克炮和特攻队，包围了在牡丹江西岸桥头堡处的苏军坦克。第77坦克旅和第257坦克旅的T-34中型坦克各自为战，勇敢地与日军展开搏斗。1辆T-34中型坦克击毁了日军1门火炮、几挺机枪之后，又击毙了大量的日军特攻队；1辆T-34坦克与日军装甲列车展开对射，最后被日军装甲列车击毁，全车乘员阵亡，但其重创了这辆装甲列车；还有1辆T-34坦克直接冲向日军反坦克炮，将其碾成碎片，最后毁于轧上的地雷。尽管如此，车长仍然以手榴弹击退了围拢而来的日军步兵，在苏军增援兵力抵达之前保护了坦克。当第77坦克旅和第257坦克旅主力抵达之后，反击的日军随即被强大的钢铁洪流淹没。在空中，苏军第251强击航空兵师的伊尔-2攻击机和第32歼击航空兵师的战斗机一路扫射狼狈逃窜向横道河子的日军。至此，牡丹江市已经落入苏军手中。

在4天的战斗中，日军3个步兵师团被逐退了150-180公里，红旗第1集团军迅猛的推进打乱了日军在牡丹江市以东建立主要防线的计划。苏军以20-30辆T-34坦克作为前锋，配属自行火炮、1个冲锋枪连和工兵，过五关斩六将般地突破日军仓促组织起来的层层防线。这种战术看似很适于用来打击像日本关东军这样几乎成为空架子的部队，但日军不要命的战术确实让苏军损失巨大。当苏军第257坦克旅打到桦林镇时，已经成为强弩之末。后方主力，尤其是步兵和炮兵，只能在泥泞的道路上绝望地试图赶上一路高歌猛进的坦克纵队。更有甚者，8月18日，第5集团军第72坦克旅的前锋进入吉林省吉林市时，只剩下了9辆坦克，而且配属的冲锋枪兵几乎全部牺牲了。在远东战役中，如果苏军的对手是配有大量Pak 40型75毫米反坦克炮和"铁拳"式反坦克火箭筒的德军，那么苏军坦克旅的前锋坦克营早

■ 苏军解放牡丹江市后，远东第1方面军的将领和当地名流举行了盛大的入城仪式。

就全军覆没了。

苏军这种不顾一切向前冲的战术，偶尔也忽视了后方。凶残的日军因而钻到了空子，最后酿成了悲剧。红旗第1集团军第607步兵团的萨波日尼科夫·阿列克谢·阿纳尼耶维奇中士（Sapezhnikov Alexei Ananyevich）回忆道：

"在我对那场战争的记忆中，主要的内容就是我们在持续不断地前进。前进，只有前进！我们总是睡眠不足。在攻势发起的第7天，当我们几乎兵不血刃地拿下了林口之后，才有了一小段休整时，终于吃上了热食。

我对林口的记忆特别深刻，因为在我们离开林口继续进发之后，有3000多名日军重新占领了林口。在林口，有我们的医院和其他部队。我们乘坐自行火炮迅速杀了回去。

那是一幅极为恐怖的画面。在林口的街道上，团属76毫米加农炮连战至最后一人，他们全体壮烈牺牲。但是，日军也遭受了巨大的损失。我几乎无法描述日军的暴徒在占领我军的医院之后所进行的暴行。在掀翻的带有红十字标志的急救帐篷附近，我看见了一个被折磨死的女军医大尉躺在地上，她的胃被撕开，里面塞着一捆稻草。到处都是血淋淋的人体残骸，所有的伤员都被野蛮地砍死了，军医也都被残忍地杀害了。我们静静地走过这些地方。从此后，在追击日军的过程中，我们再也不留俘虏，不留任何日本人的活口！

当时，我们都生死未卜。我在中国东北泥泞的道路上蹒跚，与我的战友们一起分享食物、烟草和背包中的负重，肩并肩作战，失去战友，但是我对我们的胜利确信无疑。我看到了很多令人感到可怕的景象：在牡丹江，日军自杀士兵与T-34坦克同归于尽；狂热的日军在碉堡中把自己锁在机枪上；我军空军对日军的轰炸……"

尽管如此，苏军在战略上还是提前完成了任务。日军在牡丹江市外围建立起坚固的防线之前，苏军坦克纵队就先发制人地打击了日军，并在开战第8天就占领了牡丹江市，比苏军的原计划提前了整整10天。

虎头要塞

虎头要塞修筑于群山之中。最初，守卫虎头要塞的是日军第4国境守备队，下辖7000人；共4个步兵大队，每个步兵大队下辖3个步兵中队；1个炮兵联队，下辖2个炮兵中队，共24门火炮；以及1个工兵大队。虎头要塞有59门各型火炮，还有8门中型迫击炮、18门高射炮和10挺高射机枪。太平洋战争爆发后，日军兵力捉襟见肘，只能拆东墙补西墙地将虎头要塞的官兵和装备送往无底洞般的太平洋战场。

1945年2月，新组建的日军步兵第122师团补充了第4国境守备队，但他们的高射炮和高射机枪也被调走了。1945年7月20日，日本关东军以已经解散了的第4国境守备队为核心，补编了于当年7月的总动员中征招的600多人，组建了第15国境守备队。第15国境守备队大约有1400人。理论上，日军第15国境守备队应该下辖12个步兵中队，3个炮兵中队，4个速射炮中队和1个工兵中队。实际上，只有4个步兵中队，2个速射炮中

队和1个工兵小队。即使这些部队也处于缺编状态，2个速射炮中队只装备了13门九四式37毫米反坦克炮。

1945年8月16日，约30辆苏军坦克向日军虎头要塞大虎啸山的145高地发起进攻。驻守在那里的是日军第15国境守备队第2步兵中队的180名士兵，只装备1门九四式37毫米反坦克炮。日军反坦克炮命中了苏军的T-34中型坦克，但是穿甲弹却像豌豆粒一样弹飞了。绝望的日军少尉率领部下发起自杀式进攻，最终被苏军坦克的火力撕成了碎片。

■ 上图是苏军攻打虎头要塞的激烈场景，下图则是如今的虎头要塞遗址。

■虎头要塞上的日军75毫米装甲炮塔，已经被苏军摧毁。

■ 上图和下图均是虎头要塞中被苏军击毁的日军四五式150毫米加农炮装甲炮塔。

后贝加尔方面军方向

苏军后贝加尔方面军进攻区域的地形更适于大规模坦克集群作战，因而苏军在这里集结了远东战役中数量最多的坦克和自行火炮。同样，由于在这样的地形上以反坦克炮和火炮进行防御几乎没有任何意义，因此这里的日军也多采用自杀式反坦克战术，甚至是形式较为特殊的自杀式反坦克战术。

后贝加尔方面军近卫第46坦克旅第1坦克营的营长德米特里·费多罗维奇·洛扎这样回忆：

"1945年8月19日17点，开在整个行军纵队最前方的近卫第46坦克旅第1坦克营到达了巴胡塔沙漠地区。坦克营停下来的地方伫立着一座简朴的砖楼。起初，雨停了一会。M4'谢尔曼'中型坦克的乘员和搭载的步兵身上全是水，他们脱去了湿漉漉的衣服。就在这个时候，发生了一场不同寻常的战斗。

对空观察员大喊：'空袭！'

坦克的炮长们都冲向各自坦克的高射机枪。连续几天以来的滂沱大雨，使我们都把坦克炮塔上的高射机枪罩了起来，这些高射机枪就这样一直保持着行军状态。在这之前，日军飞机还没有骚扰过我们。

当时，有6个小点出现在天边，日军飞机迅速从南接近。在欧洲的战斗中，我们已经对德军飞行员的战术非常熟悉了。在投掷炸弹之前，德军的飞行员会先在目标上空转圈，这是他们在选择瞄准点。之后，德军的长机才会俯冲下来。但是，在这里就完全不一样，战斗以迅雷不及掩耳之势就打响了，我们甚至来不及将高射机枪投入战斗。

第1架日军飞机从低空向我军领头的坦克全速冲来，撞向'谢尔曼'坦克的车体，飞机的残片向四面八方飞散。飞机的发动机直接扎进了坦克履带的下面，火舌在'谢尔曼'坦克的周围舔舐着车体。驾驶员兼修理员，近卫军中士，尼古拉·祖耶夫（Nikolay Zuev）身上多处受到割伤和擦伤。纵队头3辆坦克的驾驶员跑进了砖楼里寻找掩护。第2架日军飞机的飞行员直接向这栋建筑撞了过来，撞进了建筑的屋顶，飞机嵌再了阁楼里，没有人受伤。现在事实已经很清楚了，日军神风特攻队在袭击我们的坦克营。第3个飞行员

■ 远东战场上，后贝加尔方面军的进军。

■ 远东战役中，近卫第6坦克集团军装备了不少美制M4坦克，这是该集团军下属的第9机械化军的M4A2中型坦克与围观的中国农民。

没有重复其战友的错误，他猛地冲向地面，冲着建筑物的窗户撞了过去。但是，他也没能到达目标，飞机机翼刮到了一根电线杆，飞机撞到了地面上，很快就烧成了火球。第4架飞机冲向纵队，它撞到了1辆属于坦克营营属战地医疗站的卡车，卡车燃烧了起来。最后2架飞机撞向整个纵队尾端的坦克，并且遭到密集防空火力的射击。被机枪命中之后，这2架飞机都撞到了离铁路路堤不远的水中。整个空袭只持续了很短的时间。日军6架飞机变成了一大堆零件和碎片，还有6名死去的飞行员。让我们震惊的是，在2架飞机的驾驶舱中，有女性的尸体。十有八九是神风特攻队员已经订婚了的未婚妻，她们决定与执行死亡任务的伴侣一起殉情。我们几乎没什么损失：1辆卡车烧毁了，领头的'谢尔曼'坦克炮塔被刮伤，1名驾驶员兼修理员伤残。我们很快把卡车推到了河里，让副驾驶员兼修理员开坦克，然后继续行军。"

　　显然，驾驶飞机撞击开阔地上的坦克要比在太平洋上撞击巨大的美国军舰要难得多，因为坦克的目标太小。后贝加尔方面军近卫第20坦克旅的坦克连连长，亚历山大·法丁（Alexander Fadin）也提到了日军神风特攻队的自杀式反坦克战术：

　　"1945年6月24日，我参加了胜利阅兵仪式。第2天我就被命令返回近卫第20坦克旅，我们将要开往蒙古。在列车上，我们并没有对即将到来的战争考虑太多。我们都相信，我们很快会让小日本血债血偿（指1904-1905年的日俄战争，以及后来的张鼓峰事件和诺门坎战役）。

　　在塔姆赛-贝加尔湖周围，坦克旅被分成了2个坦克营（近卫第45坦克营，近卫第46坦克营）。我指挥1个坦克连（10辆T-34/85中型坦克）。周围的气氛让人感觉大战在即。

　　第2天早晨，坦克旅所有的军官都被召集起来，接受上级发布作战指示。上级通告了我们日军各级军队的组织结构，一直到师团级，以及我们在战斗中很可能使用的战术。但是，首先我们要学习如何依靠星光、太阳和方位角来辨别方向。

之所以要这么做，是因为在蒙古和中国北方的战斗，将在一片一直延伸到大兴安岭的沙漠－草原地带进行，包括盐碱地，那里几乎没有什么参照点可言。

1945年8月的最初几天里，我们坦克营的营长波普科夫（Popkov），开车载着他的军官们去侦察一条很可能通向边境的小路。我们被卡车拉到那里，经常停下来，用太阳和方位角确定我们的位置，并在地形上做些小标记，这样我们就有参照点了。在一次停下来之后，营长说：'到这就行了，再往前10公里就是边境了。'

那天，我第一次看见了2架日军飞机，它们在1.5-2公里高度的云层背后出现，飞到边境后又折了回去。15分钟后，它们再次出现，在我们右方保持着5-7公里的距离，重复刚才的动作。

营长说：'日军感觉到有什么地方不对了，它们在进行侦察飞行。'

我问营长：'我们什么时候开始进攻？'

营长盯着我看，我就明白了——问这种问题可不是什么好主意。在那之后，再没有人直接提起过即将爆发的战斗了。然而，一直到战斗打响的最后一刻，我们也依然在政治课上被一遍一遍灌输着关于过去与日本爆发的战争和武装冲突，被日本帝国主义奴役着的中国人民进行的艰苦奋斗，以及苏联红军的解放任务。我们都很清楚，对日战争很快就会打响，彼此心照不宣。

1945年8月8日早晨，我们得到了额外的配给和水（推进期间，每人每天5升水，每辆坦克每天100升水），连长和排长们被召集到营部，下达的命令为：'我们建功立业的时刻到了，近卫军士兵们，我们必须洗刷祖国历史上耻辱。'在那之后，营长将作战计划告知我们，我们将前出至出发点，准备进攻。

当天的后半天，我们沿着前几天侦察过的道路开往边境。太阳都快把我们烤焦了，气温达到了大约40摄氏度，坦克装甲很快就变热了。坦克

■ 这是1945年8月，苏军近卫第6坦克集团军的T-34/85中型坦克正在翻越大兴安岭。可以看到，苏军纵队中又不少缴获自德军的卡车。

扬起的滚滚沙尘，迫使我们不得不把相邻坦克之间的距离拉大到50米。晚上11点，我们到达了出发地。在那里，我们开始维护T-34坦克。我们忽然发现一件糟糕的事：在砂砾石土壤的地面上，坦克确实可以跑得飞快，速度可以达到50公里/时。但是，坦克履带也因此而迅速地磨损。坦克履带连接处的情况特别糟糕，结果就是履带被拉长，边缘部分破损。此外，因为经过了一整天的强行军，坦克的空气过滤器已经堵满了灰尘，马上就要失灵了。

总体来说，我们那天几乎就没闲着。

我们完成了维护之后吃了晚饭，开始睡觉，后来又被命令叫醒，被召集起来开会。我们以省水的方式进行了洗漱，在天仍然黑蒙蒙的时候就集合在坦克周围。近卫第6坦克集团军的军事委员会成员，图马尼扬中将（Tumanian），对我们进行了演说。他向我们回顾起了日俄战争，以及日本帝国主义的侵略成性，并且祝我们好运，在那之后下达了常规任务的指示。在2天之内，我们克服了从边境到大兴安岭之间超过300公里的沙漠－草原地带；又只用了2天，我们就从大兴安岭一路杀进了东北平原。接下来我们将直插东南方向进占旅顺口和大连，从而阻断日本关东军主力从满洲中部向南撤退。我们的推进速度，计划平均每天80-90公里，甚至更多，这在历史上都是史无前例的！另外，这是在实战中，苏军首次以坦克集团军（Tank Formation，也就是大纵深理论中苏军的快速集群）作为进攻的第一梯队。

1945年8月9日凌晨4时，我们在没有炮火准备的情况下越过国境线，没有遭遇抵抗。刚过了2个小时，就出现了2架试图攻击我们的日军飞机，但是我军战斗机拦截了它们。对于日军来说，我们的进攻绝对是出其不意、攻其无备。我们以为，在这一方向上会遭到持续的抵抗，但是日军并没有这么做。因此，我军的主要敌人并不是日军，而是气候和地形。中午时分，气温会攀升到45摄氏度，坦克装甲甚至热到能够隔着衣服烫伤皮肤。我们首次出现了减员，一些搭乘坦克的步兵由于过热的天气而中暑。不一会，连坦克兵也因为相同的原因而掉队了。军医们在行军纵队的头尾之间疲于奔命地处理伤患人员。尽管如此，我们仍然一往无前。扬起的沙尘让我们难以辨别方向。很快，1架乌－2型飞机出现在天空上，向我们指明前进的方向。第1天，我们前进了170-180公里，大兴安岭已经出现在地平线上了。

第2天更加困难重重，人员和装备人困马乏，已经到达了所能承受的极限。起初，晚上的一场小雨让我们十分高兴。我们希望这场雨能压住沙尘，而且或多或少也能让灼热的装甲冷却一点。结果，干热变成了简直能热死人的闷热。此时，我们原先的希望就变成了失望，失望又变成了绝望。另外，因为这场雨，原来已经干枯的河床现在激流涌动，变成了难以逾越的障碍，盐碱地也完全无法通行了。接着，我又犯了个让人懊恼的错误。我看见了一条只有7—8米宽的小河，决定一鼓作气冲过去，就告诉驾驶员加速。但是，在开到水里之后，速度就立即降到了最低，最后仅仅是勉强开上了河岸而已。第2辆T-34/85型坦克更倒霉，直接陷在了河里。另2辆坦克也陷在了河里。我们用了超过1个半小时的时间才把这些坦克从河里拖出来。我们用3辆坦克一起拖拽，结果在拖拽的过程中，连绳索都被拉断了。在受到了教训之后，我们的推进就小心翼翼多了，经常会停下来检查前进的路径是否能够通过，以及去探测水深。

傍晚时分，日军飞机再次试图攻击我军纵队。3架飞机突然从大兴安岭上空出现，开始低空攻击。我大喊：'向敌机开火！'搭乘在坦克上的步兵举枪射击，配合默契的密集火力打退了日军飞机。很快，我们收到了消息，这些飞机攻击了我们

■ 1945年8月，正在翻越大兴安岭的苏军近卫第6坦克集团军的 T–34/85 中型坦克。日军在苏军坦克部队的进军过程中，绝望地使用神风敢死队对其进行了自杀性攻击，但收效甚微。

坦克旅的前锋。我军击落了2架日军飞机，但是第3架神风特攻队的飞机还是撞上了1辆坦克。

1945年8月10日结束之前，我们都没有遭遇什么顽强的抵抗。我们行进了100多公里，到达了大兴安岭的山脚下。雨后的闷热代替了难以忍受的酷热，克服盐碱地和众多河流障碍的高强度工作让筋疲力尽的我们濒临崩溃的边缘。当我们听到'停！'的命令时，从坦克中爬出来的坦克兵都快不会走路了。尽管如此，我们也仍然感到欢欣鼓舞。因为，我们的推进速度已经创造了记录！

经过3—4个小时的休息之后，天还没亮，我们就开始攀爬大兴安岭了。倒霉的是，该死的雨还没停。坦克履带在湿漉漉的石头上打滑，并且搅进了很多的泥浆。我们的前进随着时间的推移而越加艰难。地形跌宕起伏，山路十八弯，我们越来越频繁地遇到超过30°的陡坡和历尽艰险才能渡过的沼泽地。在台日黑（Korokhan）山口，即使最有经验的坦克驾驶员面对如此陡峭的山口也感到不寒而栗。唯一的好消息是就是我军的侦察兵报告——山上没有敌军，这实在是个好消息。我想用一个冲刺爬上山口，但即使由我们坦克连中最好的坦克驾驶员操作，我们也试了3次才成功。我和各个坦克排的排长商议，决定把3辆坦克使用钢索连起来，以3辆坦克为一组往上冲。第1辆坦克冲上去之后，就可以拉着下面的2辆爬上去。当下坡的时候，最后的1辆坦克就可以控制着前2辆坦克的行动，我们就这样前进了很远。

通往查干达坂（Tsagan—Dabo）山口的山路位于布满沼泽的峡谷中。必须使用装满了石头的枝桠捆铺平最难通过的部分道路，才能过去。工兵帮了我们大忙。他们在我们的行军纵队前面开路，一路打碎石头，用碎石铺路。乌—2型飞机一直为我们指示前进的方向。坦克是在暗夜中走完了通往查干达坂山口最后几公里的路，行驶速度为5公里／时，与步行的速度差不多。但是，当回想起当时的路况条件时，我们都觉得能完成这样的行军实在是种成功。

8月12日早晨，在稍事休息之后，我们从大兴安岭开下来，连绵的雨使下山比上山更难。士兵还能忍受巨大的体力消耗，但是装备开始出问题了，甚至几乎完美的T—34坦克也因为磨损而越来越多地瘫痪了。好在后勤保障部队干得非常漂亮，很快就让这些坦克归队了。

当得知我们只用了3天时间就越过了蒙古草原和大兴安岭时，我们欢欣鼓舞。我们赶在了日本关东军之前抢占了这些重要的防线地带。随后，我军向满洲中央地带的胜利进军更会让日军陷入困境。当日军无法撤回到位于华北地区的基地或者通往太平洋沿岸的港口时，最终等待他们的，要么是毁灭，要么是投降。

随着我们进入平原地带，我们很听到了远方交战的声音。我军坦克部队的侦察纵队遭遇了防御扎鲁特旗（鲁北）的日军。坦克营营长通过无线电命令我们加速前进。我部署坦克连的各个坦克排依次向敌军发起冲击。然而，让我们感到极为失望的是，当我们接近扎鲁特旗时，发现战斗已经结束了。我军的侦察纵队就已经粉碎了敌军。在战场上，我们看到了大量日军尸体。我从无线电中听到：'干得漂亮！我们又来晚了！'

当我们一路沿着被击毙的日军士兵行驶时，我注意到其中有些日军的尸体握着一根竹竿。竹竿长4米，顶端有一个类似德军铁拳式火箭筒的东西（笔者注：就是日军的刺雷）。与纳粹德军不同的是，日军的这种武器无法发射，而是需要端着它冲向坦克，然后刺向坦克的侧面。使用这种方法，日军士兵不仅摧毁了敌军坦克，也把自己炸死了。或许，在日军中执行特攻任务是很普遍的事。

8月12日晚，我们开始感觉燃料不足了。

倾盆大雨让轮式运输车无法通过大兴安岭的山路。除此之外，我们离主要补给基地还有一段距离。我从无线电中听到：'你们的情况怎么样了？'这是指挥官在问关于燃料的事。我估计，我们剩下的燃料还够前进30公里，最多50公里。半小时后，我得到了'停！'的命令，上级告诉我如果我的坦克连需要吃饭或者补充燃料的话，就停下。但是，坦克营营长过来告诉我们，如果情况变得越来越糟的话，那就只留下最少的燃料，将大部分燃料都给第1坦克营，保证其能继续推进。我们停在这里等着补充燃料。我明白这个抉择是正确的，整个坦克旅至少应该有部分兵力在向前推进，但是对于那些不能继续推进的部队来说就太悲剧了。

移交燃料之后我们开始维修车辆并等待燃料补给。第2天早晨，我们看到了一个令人惊讶的场面：苏军运输机一架接着一架在离我们不到1公里远的旷野上着陆，卸下了装满燃料的金属罐。

但是，运输机的运载量太有限了，这些运输机运来的燃料只够我们的部队前进2天。最后，我们于8月15日恢复前进。

大雨如期而至。8月16日深夜，在缺少道路的困难条件下，我们的T-34坦克进入了通辽。但是，我们也止步不前了，即使步兵也寸步难行。在中满平原上，倾盆大雨在一望无际的平原上形成了一片汪洋。日军也打开了水坝，方圆100公里以内的一切都泡在水里。我们再次冒险突进。这片区域，只有一条从通辽通往长春的铁路路堤能穿过泛洪的平原。坦克只能呈一纵队，以低速前进。而且没有向其他方向进行机动的任何可能，除此之外再无其他办法。在铁轨的枕木上行进引起了不断的震颤，坦克履带的连接处很快破损，履带断裂。任何故障都会使整个坦克纵队停下来，让我们变成日军的靶子，因此我们将瘫痪的T-34中型坦克从路堤上推到水里，给其他坦克让出一条路。

■ 这是苏军进军远东的车队，图中倒毙路上的尸体，可能是被击毙的日军士兵。另外，留意图中可发现，车旁这名苏军还戴着老式的钢盔。

很快，日军飞机出现了。日军的4—6架神风特攻队飞机想要同时对我们的不同的目标发起攻击。但是，搭乘坦克的步兵，包括那些经验丰富的老兵，组织起密集的防空火力给日军飞机以迎头痛击。因此，日军飞机的进攻通常都是以失败告终。不过，他们还是摧毁了我军前锋的1辆坦克和几辆卡车。

在100公里的行军过程中，我们的日常损失是极其严重的，只不过这些坦克很快就被修好了。在我的坦克连，当时的9辆坦克里就有5辆不能动了。这些坦克都因为跑断了履带而被扔在了后方。直到战争结束，这些坦克也没有归队。其他坦克连也好不到哪去。但是，我们毕竟渡过了这片汪洋。

1945年8月18日下午，我们开始向'伪满洲国'的首都奉天（沈阳）开进。在我们抵达之前，苏军已经在那里着陆，战士们迫使当地的戍卫部队投降，停虏了'伪满洲国'皇帝溥仪，从一座战俘营中解救出了一些美军战俘。当时，日军几乎已经停止了抵抗，开始成建制地投降。驻扎在奉天的强大日军部队与他们的将军们一起卑躬屈膝地放下了武器。

一天之后，苏军士兵搭乘飞机在辽东半岛的大连着陆，我们乘火车去支援他们。空前的冒险再一次完胜。我见到了梦中也难以见到的景象——数不清的日本军官和士兵按照我们的要求，身着礼服、佩戴武士刀，向我们敬礼，在我们面前鞠躬，向我们提供一切我们需要的帮助。8月23日，我们到达了旅顺港。

最终，我们坦克连最初的10辆坦克只剩下了4辆。有1辆因为油泵坏了扔在了沙漠中，有5辆因为履带断裂而扔在了铁路路堤。其他坦克连的损失也不少。如果当时1个坦克连还有5辆以上的坦克的话，是个很稀奇的事，而这些损失都是可以理解的。我们史无前例地只用了2个星期就推进了2000公里，从蒙古一路杀到黄海。我们战胜了蒙古半沙漠地带，大兴安岭，无路可走的满洲平原，并且让当时世界上最强大军队之一的日本关东军向我们投降！"

■ 向苏军投降的日军，以及大量的汽车等军械装备。

■ 上图是解放大连的苏军近卫第6坦克集团军第7机械化军和他们的T-34/85中型坦克受到了大连市民的热烈欢迎。

■ 左图是苏军解放哈尔滨，这些是攻占哈尔滨火车站的苏军士兵。

■ 下图是苏军解放旅顺，对面那座山就是日俄战争时期日俄两军争夺惨烈的203高地，战后日军在高地上修建了灵塔。苏军解放旅顺，也算报了近半个世纪前的一箭之仇。

远东战役的结束

在远东战役中，苏军损失的坦克可能并不少，只不过这些坦克并不都是完全无法修复的。以执行纵深突击的第257坦克旅为例，在进攻过程中，不断有瘫痪的坦克被遗弃。这些坦克有的可能只是被打断了履带，有的可能出现了故障，有的可能只是陷在了淤泥里。后方跟进的修理分队很快就会修好它们，或者把坦克从淤泥中拖出来。因此，苏军前锋的坦克数量看起来在不断减少，但真正彻底损毁的并不多。

其次，苏军"损失"的坦克中，并不都是被日军击毁的。从亚历山大·法丁的回忆中，我们就可以知道，其所部的坦克中有50%是由于长期的机械磨损和故障才损失的，这与日军的攻击没有任何关系。

再次，在远东战役中，日军击毁的苏军坦克中有部分是旧式的轻型坦克。根据日军战史记录，1945年8月11日，在苏军远东第2方面军攻打佳木斯地区日军的扶桑台阵地时，12辆轻型坦克突入日军阵地。日军野战炮和反坦克炮一直等到苏军坦克抵近至60米时才开火，反坦克步兵趁势发起近距离攻击，将12辆苏军轻型坦克击毁10辆。第2天，当苏军投入了T-34中型坦克时，日军就一筹莫展了。

在日军击毁的苏军坦克中，反坦克步兵炸毁的苏军坦克数量最多，其次是地雷，最后是日军反坦克炮和其他各型火炮。对比冲绳战役中美军坦克的损失原因，与远东战役的苏军正好相反。这也反映了不同作战地域的地形地貌对坦克战和反坦克战产生的巨大影响。

在苏军第59步兵军向第5集团军上交的报告中，提到了日军反坦克战术：每个步兵联队、步兵大队或步兵中队，都有专门执行反坦克作战任务的步兵。这些特攻队员通常呈锁链状埋伏于山路旁，沿道路部署，隐藏在伪装良好的散兵坑里。当苏军坦克接近时，他们使用绳子把装有反坦克地雷的旧弹药箱或其他什么不起眼的东西拽到路上，或者用长杆把反坦克地雷推到苏军坦克履带下面，或者身捆炸药扑向苏军坦克车底。苏军远东1红旗集团军司令别洛鲍罗多夫上将认为：在东线作战期间，坦克搭载的冲锋枪连步兵积累了大量对抗德军反坦克火箭筒兵的经验；如果没有他们，苏军损失的坦克会更多。

■ 1945年9月13日，苏军远东第2方面军缴获的日军九六式150毫米榴弹炮。

远东战役苏军的坦克装甲车辆损失情况				
装备类型／所属部队	远东第1方面军	远东第2方面军	后贝加尔方面军	合计
坦克	31辆	20辆	3辆	54辆
自行火炮		3辆	3辆	6辆
履带式牵引车		7辆		7辆
总计	31辆	30辆	6辆	67辆

■ 上图是1945年8月，在萨哈林岛的战斗中，苏军第214坦克旅的T–26轻型坦克被日军击毁。

■ 下图是日军遗弃在占守岛上的三八式105毫米加农炮。

后记

　　日军反坦克战无疑是失败的，尽管个别战役或战斗也存在一些亮点。日军的自杀式反坦克战术，对其他国家或民族的军队来说，并没有什么借鉴价值可言。然而，了解别人的犯过的错误，使我们自己不犯这样的错误，也同样具有价值。

　　日军反坦克步兵的作战效率，远远比不上美军、英军、苏军和德军的那些使用反坦克火箭筒和反坦克枪的同行，最多也就是"同归于尽"的气势比较吓人而已。第二次世界大战中，日军甚至没有任何专用的大口径反坦克炮出现。最好的反坦克武器，永远都是坦克——当然，在精确制导技术越来越发达的今天，可能航空兵能更好的完成这项任务。

　　对日军的反坦克战术感到鄙夷和可笑的同时，我们不应忘记，在第二次世界大战，中国军队也曾有过士兵身捆炸药与日军坦克同归于尽。归根到底，这完全是装备落后造成的。那些以舍生忘死的精神炸毁日军坦克的英雄值得尊敬，但是这样的悲剧不应该重演。

　　最后，由于笔者所掌握的语言、文献材料和知识结构有限，本书更多是从盟军和苏军的角度来介绍日军反坦克战术，不免遗憾。希望更多的研究者能够挖掘此方面的内容，对本书进行批评、指正，吾心足矣。

王 法

2015 年 5 月

主要参考资料

[1] Japanese Tank and Antitank Warfare. Military Intelligence Division. US. CreateSpace Independent Publishing Platform. 2013

[2] Japanese Pacific Island Defenses 1941−45. Gordon Rottman, Ian Palmer. UK. Osprey Publishing. 2003

[3] Saipan & Tinian 1944: Piercing the Japanese Empire. Gordon Rottman, Howard Gerrard. UK. Osprey Publishing. 2004

[4] Meiktila 1945: The Battle To Liberate Burma. Edward Young, Howard Gerrard. UK. Osprey Publishing. 2004

[5] World War II Infantry Anti−Tank Tactics. Gordon Rottman,Steve Noon. UK. Osprey Publishing. 2005

[6] US Marine Corps Tank Crewman 1941−45: Pacific. Kenneth, Estes, Howard Gerrard. UK. Osprey Publishing. 2005

[7] US Marine Corps Tanks of World War II. Steven Zaloga, Richard Chasemore. UK. Osprey Publishing. 2012

[8] Marine Tank Battles In The Pacific. Oscar Gilbert. US. Da Capo Press. 2001

[9] Soviet Operational and Tactical Combat in Manchuria,1945: 'August Storm'. David Glantz. UK. Routledge. 2003

[10] Tank Warfare on Iwo Jima. David Harper. US. Squadron/Signal Publications. 2008

[11] Tank Tracks to Rangoon: The Story of British Armour in Burma. Bryan Perrett. UK. Pen and Sword. 2014

[12] 日本の步兵火器 . 中西立太 . 東京：大日本絵画，1998.

创作团队

 http://geminibooks.blog.163.com/　敬请浏览

■ 崎峻文化公司，2002 年创立于广西柳州，长期以来凭借 Gemini Publishing（双子座出版）的副品牌，深为全国军事历史爱好者所喜爱与熟知。在十多年的潜心耕耘与发展中，公司不但将最擅长的二战德军题材发挥到了极致，更是已经将出版领域拓展至泛海洋军事文化，及更加宽广的二战前与二战后世界军事历史纬度。在不断拓宽题材领域的同时，公司也会继续保持十多年来已经为广大读者所认可的编辑与排版风格，持续奉献具有高度赏读体验的作品。